2012 港澳卷（含香港　澳门）

# 中原地产红皮书

## CENTALINE PROPERTY REDBOOK

中原集团研究中心 著
中原地产（港澳区）

中国建筑工业出版社

## 内容提要

本书以第一手的数据资料及调研资料，生动全面地分析介绍了 2011 年全年和 2012 年 1—8 月香港及澳门地区房地产市场的整体概况，以及住宅市场、写字楼市场、商铺市场、工厦市场等各专业市场的发展与变化。此外，本书对香港和澳门几个热点专题进行了着重分析，包括对香港近期房屋政策的评价与思考，额外印花税 SSD 成效的检讨，香港信贷变化对楼市的影响分析，区域规划为房地产市场带来的机遇，香港楼市中内地买家的分析，以及对内地买家投资澳门物业的指引等，并对 2012 年第 4 季度以及 2013 年香港和澳门房地产发展进行了预测。本书可对房地产专业人员分析和研究市场环境与发展起到借鉴作用，对普通大众的投资置业行为也具有很强的指导意义。

# 序

### 香港回归 15 载 楼市前景稳步展

香港回归 15 年，楼市经历多番高低起伏，如 1997 年亚洲金融风暴、2003 年非典疫症，以至 2008 年全球金融海啸等；楼价亦由 2003 年谷底逐步上升。时至今日，大部份传统屋苑的呎价已经较 1997 年高峰更高。2012 年香港楼市仍然稳步发展。

回顾 2012 年的香港楼市，在额外印花税实施 2 年来，短炒投机活动已绝迹。低息高通胀情况持续，交投气氛于春节过后即时转活。唯外围经济环境阴晴不定，欧债危机、美国量化宽松政策等消息间接影响买家的置业信心。但受惠于全球资金泛滥，中国亦放宽银根，仍然有助香港楼价平稳向上。香港政局方面，新一届政府上场后，致力增加土地供应，继续主动售地，加快资助房屋投产，以满足基层市民需要及确保楼市健康发展。同时，梁特首公开表明，不会推低房价，来迁就市民的购买力。会在公私营住宅间的空隙中多做功夫，协助市民置业。

为配合多元化的房屋政策及迎接市场对住宅物业之需求，中原地产（香港）本年亦积极扩展据点，2012 年 7 月中开设第 301 间分店，突破了中原地产香港分行数目历史新高，继续维持全港最多分行数目，最具规模的地产代理行。直至年底，分店数目将增至 330 间，员工人数则增至 5100 人。

《中原地产红皮书》是中原集团研究中心每年的精心之作，内容深入浅出分析全国主要大城市的经济环境、土地政策、市场趋势、各类房屋的分析及未来前景，对地产业界、测量界、银行界、投资者以及一般用家，都是极具参考价值的信息。希望读者能细心阅读，从中获得裨益。

黄伟雄

中原地产亚太区总裁

2012 年 8 月

# 目录

## 城市

### 第 1 章 市场主线



### 第 2 章 香港土地及房屋供应



### 第 3 章 香港各类型住宅市场



### 第 4 章 香港公共住宅市场将迎历史新高



### 第 5 章 2012 年香港工商铺登记将创历史新高

# 楼事

# 数据



# 公司

# 附录
# 图表目录

## 插图目录

## 表格目录

城市 Market
港澳

# 港澳

# 第 1 章 市场主线



## 1.1 香港楼市再闯新天地

中原地产亚太区 总裁 黄伟雄

2012 年，全球货币持续泛滥，港元购买力下跌，大量资金涌入香港，使本港楼价易升难跌。2012 年第 1 季欧洲央行向市场注资 1 万亿欧元 ( 约 10 万亿港元 )；美国联储局于 2008—2011 年期间先后推出 QE1&2，向市场注资合计 2 万亿美元 (15.6 万亿港元 )。另外，联储局将 OT2 延长半年至 2012 年底，增加 2670 亿美元，令换债规模上升至 6670 亿美元。全球资金泛滥，中国亦放宽银根，有助香港楼价平稳向上。自 2012 年上半年以前，中央人民银行先后 3 次减存款准备金率，估计向市场释出资金约 1.2 万亿人民币。市场资金增加，内地楼市实时受惠，同时惠及香港楼市。存款准备金率还有下调空间，相信央行会有秩序地放宽银根，确保经济稳定增长。

2012 年适逢香港特区政府换届年，换届前，市民普遍对新政府的楼市政策持保留态度。新特首梁振英上任后，多番明确表示不会推倒楼市，市场信心回稳，下半年度楼市交投量明显增升。新政府强调增加土地储备，以备建屋之用，每季亦因应市况主动卖地，多元化的资助方式亦陆续推出，如港人港地、青年宿舍及放宽白表免补地价买二手居屋等新措施，致力协助港人安居乐业。

港人供楼负担比率连续 9 年维持在健康水平范围内，即 25% 到 45% 之间。随着收入持续增加，上车及换楼能力亦逐步加强，楼价有实质的支持力。1997 年，私楼住户月入中位数是 2.3 万港元，15 年后的今天，数字已上升至 3 万港元水平。2012 年 6 月私楼供楼负担占家庭月入的 42%，1997 年却高越 100%，数据反映香港市民现时供楼负担水平维持健康。

2012 年楼价平稳向升，加上低息及资金流入等多项利好消息，刺激用家及投资者的换楼和置业信心，带动二手楼市平稳发展，估计二手私人住宅全年将录得 6 万宗成交，总值 3000 亿港元。年内多个一手新盘均录得理想销情，相信一手私人住宅全年将录得 1.5 万宗成交，总值 1500 亿港元，成交金额有望创历史新高。豪宅市场 ( 一手及二手 ) 方面，上半年受到欧债危机的影响，豪宅市场表现较为逊色。下半年欧债危机气氛缓和，豪宅市场表现得以改善，估计全年有 6000 宗成交，总值 1800 亿港元，总值可望创历史新高。

工商铺市场 ( 一手及二手 )，2012 年上半年暂录买卖合约 7701 宗，总值 799 亿港元；上半年成交金额已经超过 1998 一 2009 年各年度全年的水平，仅低于 1997 年 (1538 亿港元 )，2011 年 (1388 亿港元 ) 及 2010 年 (1256 亿港元 )3 年全年水平。受惠于资金宽松，工商铺二手买卖活跃，大额交易濒繁。发展商趁机推售工商铺物业，一手市场买卖大增。估计全年有 1.6 万宗成交，总值 2000 亿港元。全年宗数及金额将会创历史新高。

尽管欧债危机尚未解决，但对于本港楼市的利好因素依然不少，如各国减息及量宽，以及投资者信任物业多过金融产品等等。2012 年整体楼市受惠于工商铺类别买卖大幅增加而有所调升，估计全年有 11 万宗成交，总值 7000 亿港元，总值将创 1997 年 (8680 亿港元 ) 后的新高。而中原城市指数可望上升接近 110 点的水平。

图 1-1 香港整体楼市图（1996—2012 年）

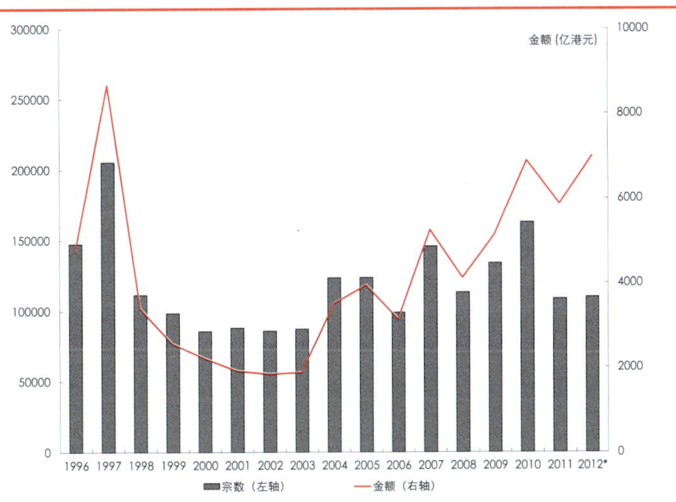


注：公营住宅包括公屋、居屋及夹屋 * 为预测数字
数据来源：中原地产研究部

图 1-2 香港一手私人住宅成交走势图（1996—2012 年）

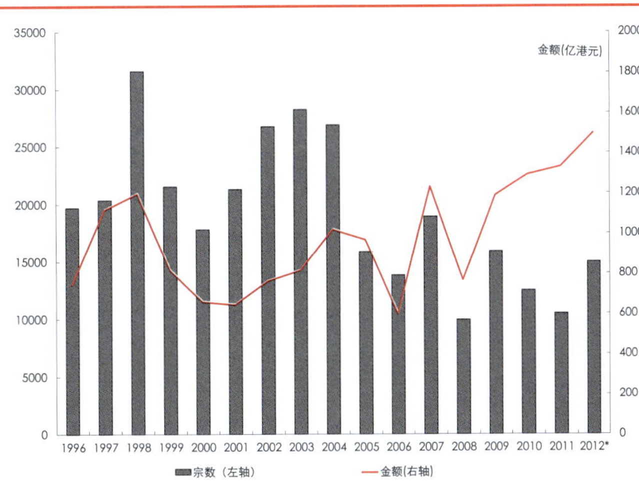


注：公营住宅包括公屋、居屋及夹屋 * 为预测数字
数据来源：中原地产研究部

图 1-3 香港二手私人住宅（1996—2012 年）

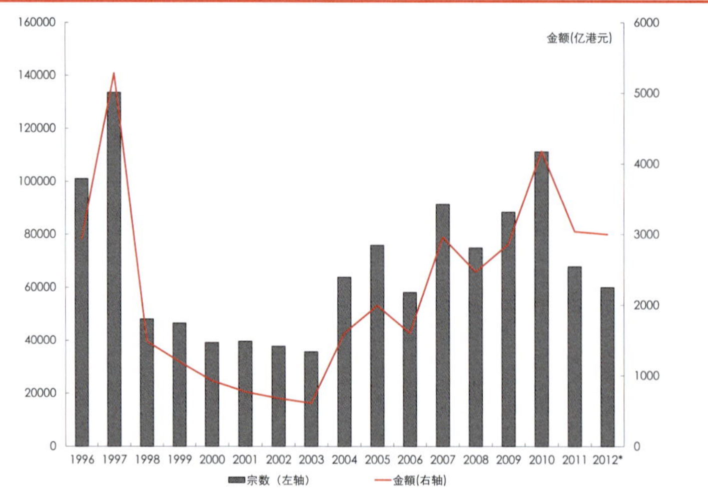


注：公营住宅包括公屋、居屋及夹屋 * 为预测数字
数据来源：中原地产研究部

图 1-4 香港豪宅市场 ( 一手及二手 )（1996—2012 年）

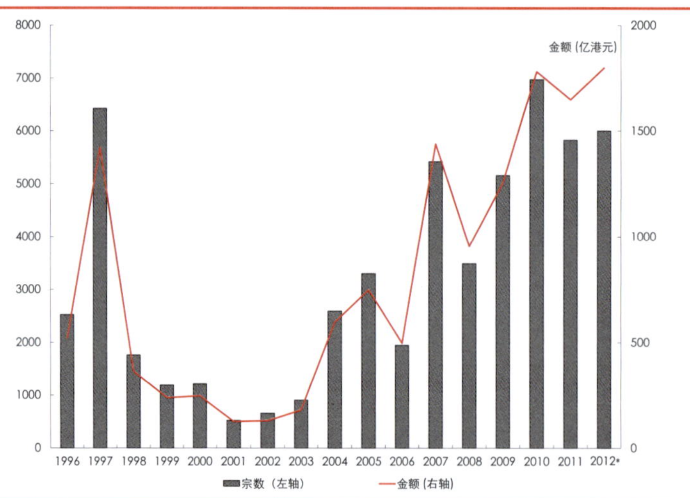


注：豪宅指价值 1200 万元以上的一手及二手私人住宅 * 为预测数字
数据来源：中原地产研究部

图 1-5 香港工商铺市场（一手及二手）（1996—2012 年）

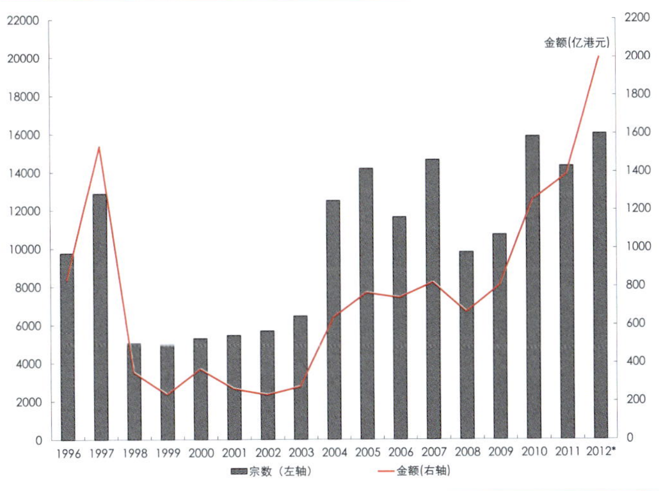


注：* 为预测数字
数据来源：中原地产研究部

## 1.2 回归 15 周年 楼市创新里程

中原地产研究部 高级联席董事 黄良昇

中原地产研究部指出，反映香港整体二手楼价的中原城市指数 CCI，2012 年 6 月约为 103 点。超过 1997 年 7 月的 100 点，标志着香港楼价不单止重上 1997 年水平，将会进一步超过 1997 年的高点。同时反映回归 15 年来，香港经历漫长的艰苦时刻后，又重新站起来，准备再创高峰。

1997 年 7 月正值回归的历史时刻，中原城市指数亦此为基数点 (100 点 )。当年 10 月发生亚洲金融风暴，香港楼价急泻，一年间下挫 52%。特区政府延迟至 2000 年 6 月，才明确表示没有实施"八万五"政策。楼价反复下跌 51 个月，再跌 44%。大跌市前后长达 6 年，由 1997 年 10 月起计，楼价累跌 68%。回归第一个 5 年，负资产涌现，香港进入艰难时期。

2003 年初经历"非典"疫症，楼价受到重大打击，唯港人信心未失。年中开始的自由行，为香港旅游业注入生机。中央政府与特区签定 CEPA 协议，振兴香港经济。加上"孙九招"成效浮现，同年 8 月 CCI 见底后回升，4 年间累升 73%。回归第 2 个 5 年，香港人成功摆脱负资产。

回归第 3 个 5 年，面对全球金融海啸的冲击。2008 年下半年间，楼价急跌 23%，市民忧心九七大跌市重演。全球主要央行连手量化宽松救市，又刺激楼价由低位反弹，30 个月上升 79%。楼价走势有如过山车，市民开始面对高楼价的困扰。

由 2003 年 9 月起计，至今楼市反复上升，楼价累升 2.3 倍。升市至今 9 年，亦正是回归 15 周年之时。楼价升幅虽大，才刚轻微升越 1997 年的水平。踏入回归第 4 个 5 年，展望楼价上穿历史性高位后，后市发展不可限量。只要香港经济随着祖国持续增长，再创新高。特区房屋政策，不再重蹈昔日失误。楼价亦可同步向上，创造新里程。

图 1-6 香港楼市发展历程概览（1991—2012 年）

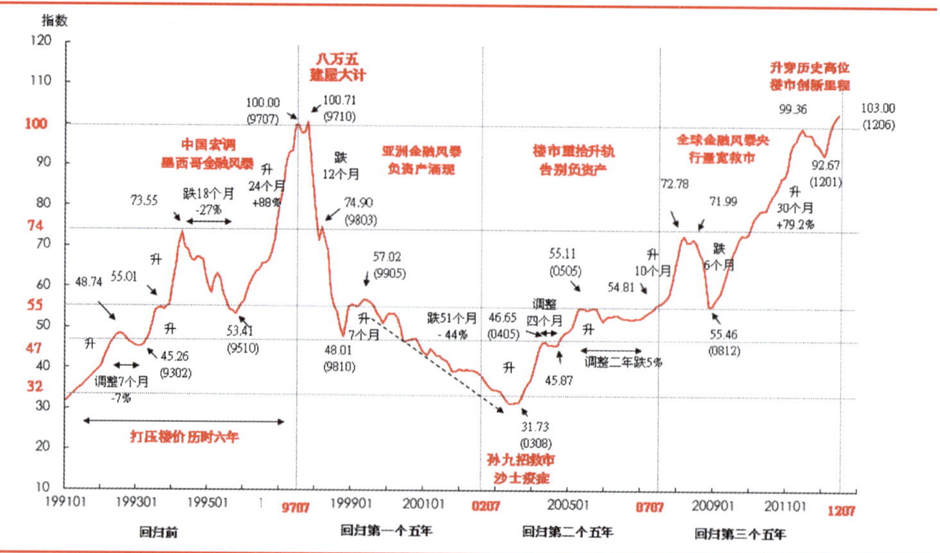


数据来源：中原地产研究部

## 1.3 4 大区楼价展望

中原地产港岛区 执行董事 唐秉正

中原地产九龙区 董事 刘瑛琳

中原地产新界区 董事 王浩聪

自 2010 年额外印花税实施下，市场上买卖交投以用家为主，再加上年初楼市受欧债危机影响，港股亦跟随偏软，买家欠缺入市信心，交投量于 2012 年上半年一度回落。但由于现时业主持货能力高，放盘量减少，供应下降令豪宅及中小型物业价格亦录一定升幅，2012 年上半年港九各区之楼价升幅由 9.5% 至 16.3% 不等。反映市民对置业需求甚大，预计未来下半年楼市亦受到各方面支持平稳向升。

（1）港岛区

截止 2012 年 7 月 29 日，港岛区中原城市领先指数最新报 116.93 点，较同年 1 月 100.58 点升 16.3%，成 4 区之冠。中原地产港岛区执行董事唐秉正表示，港岛区一向供应量最少，抗跌力高，年初及 3、4 月，楼市一度因额外印花税效应以致放盘量低，加上环球经济不稳及欧债危机影响，港九各区交投量均告回落，港岛区成交量亦随之减少。但受惠利率长期处于偏低水平，加上国内及本港资金充裕等利好因素，楼价不跌反升，反映现时市场上以家用为主，业主持货能力甚高，叫价坚稳，而优质物业买少见少，相信下半年楼价亦会再度攀升。现时港岛区优质非豪宅物业普遍楼价已达约 1.5 万港元水平，传统豪宅区楼价平均更高达约 5 万港元，预期未来半年受额外印花税措施影响，交投量会持续平稳；而售价方面，2012 年更已顺利超越 1997 年水平，下半年有望再创高峰，相信未来港岛楼价亦将易升难跌。

（2）九龙区

中原地产九龙区董事刘瑛琳表示，九龙区中原城市领先指数于 2012 年 7 月 29 日报 103.97 点，较同年一月 94.95 点上升 9.5%。九龙区于 2012 年上半年表现平稳，半年来二手市场成交量对比去年同期下跌约两成多，主要受额外印花税影响，加上欧美股市低迷，影响买家入市信心，同时九龙区以中产市场为主，业主和买家多为专业人士及高级行政人员，他们买楼供款之能力随市场加薪幅度调整，由于近年工资升幅未及楼价升幅，故九龙区业主换楼意欲不高，导致放盘量及流通量减少。至于一手方面，九龙区一手供应充裕，上半年推出之“奥柏．御峰”、“峻滢”、“御悦”、“喜雅”及“景怡峰”等楼盘亦录理想销情，其中“御悦”更于开售即日沽清，反映用家对九龙区交通方便之优势甚为追捧。预期未来半年区内一、二手成交宗数会平稳向升，而楼价方面亦会录温和增长，升幅预计为 5%~10%。

（3）新界东

根据中原城市领先指数，截止 2012 年 7 月 29 日，新界东最新报 100.94 点，较同年一月 90.47 点上升 10.47 点，升幅 11.6%。中原地产新界董事王浩聪表示，2012 年新界东大型新盘一浪接一浪，上半年先有大围“盛世”、车公庙站“溱岸 8 号”及大埔“溋玥．天赋海湾”，下半年预期亦有大型临海项目“迎海”推出，令新界东成市场焦点。上半年各个新盘亦录得理想销情，同时一手亦带动二手交投，令区内二手交投畅旺，楼价亦屡创新高；新界东铁路网络日渐完善，加上沙中线的落实兴建，进一步连接沙田大围至九龙及港岛区，铁路沿线亦将设有大型购物商场及大量新住宅供应，新界东物业优势将逐步展现，于未来备受看好，成用家及投资者置业首选，升值潜力看高一线。

（4）新界西

新界西中原城市领先指数于 2012 年 7 月 29 日报 83.8 点，比当年 1 月初 75.48 点上升 8.32 点，升幅 11%，可见近年政府锐意发展新界西，积极规划及兴建各项基建令区内前景备受看好，未来政府有意大力发展珠三角核心商贸区，届时屯门将直接连接深圳前海，角色日渐重要。而且新界西将与珠三角区域经济有更紧密联系，屯门及元朗区将最受惠前海效应，成为三地交通中枢，未来将吸引更多人口及资金涌入区内。下半年预计屯门站上盖新盘“珑门”推出亦会成市场焦点，令区内物业升值潜力进一步提升，同时带旺整区经济发展。

2012 年 7 月 16 日政府宣布 2013 年白表进入居屋第二市场，4 区大型屋苑楼价指数近 12 周以来再次全面上升。新界东指数更为 1997 年后首度升穿 100 点，报 100.94 点，创 1997 年后新高，按周升 1.59%，并连升 2 周共 2.75%。港岛区指数报 116.93 点，续创历史新高，按周升 2.09%，并连升 2 周共 3.50%。九龙区指数报 103.97 点，续创 1997 年后新高，按周升 0.66%，并连升 3 周共 1.68%。新界西区楼价结束 5 周连跌，指数报 83.80 点，按周升 2.82%。

在 2011 年 1 月 23 日港岛指数首次升穿 100 点水平，当时报 100.24 点。相隔 63 周（约 1 年 3 个月）之后，九龙指数亦破 100 点，在 2012 年 4 月 8 日报 100.35 点。再隔 16 周之后，新界东指数亦相继升穿 100 点，在 2012 年 7 月 29 日报 100.94 点。估计新界西指数需要到 2013 年才可达至 100 点水平，2011 年 7 月报 83.80 点，距离 100 点仍差 16.20 点。

图 1-7 中原城市大型屋苑 4 区领先指数 CCL Mass

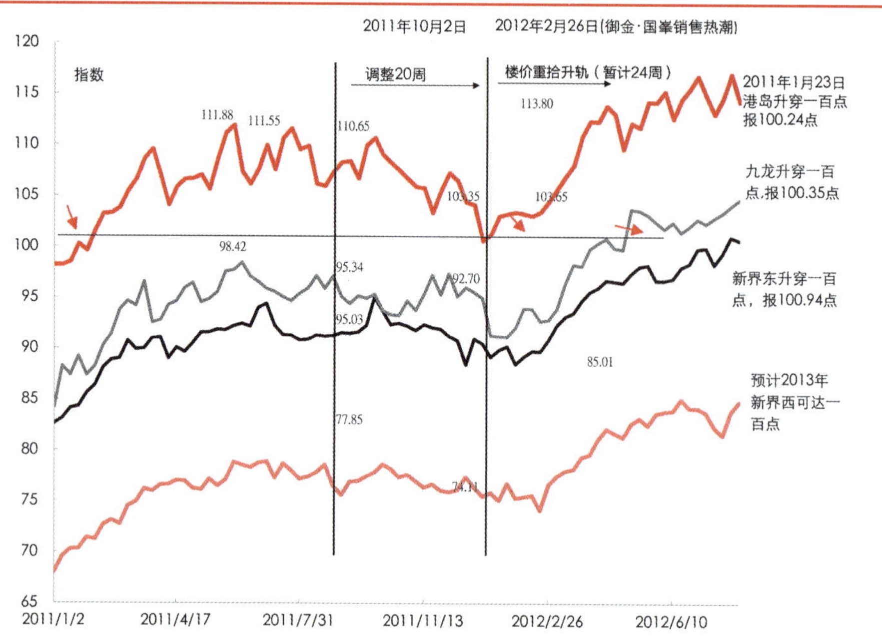


注：CCL 依照临时买卖合约内所约定的正式买卖合约日期进行统计。因为由临约到正式合约一般需时 14 日，所以 CCL 涵盖 2 周前的临约。中原城市大型屋苑指数 CCL_Mass 下设 4 大分区指数港岛、九龙、新界东、新界西的分区指数均以 1997 年 7 月为 100 点。

数据来源：中原地产研究部

城市 Market
楼事 Story
数据 Data

# 第 2 章
# 香港土地及房屋供应

## 2.1 香港私人住宅供应

中原地产研究部 高级联席董事 黄良昇

### 2.1.1 建筑中的新屋累计 5.3 万个 迫近历史高位

自从 2010 年起政府主动卖地，成功扭转过去私楼供应偏低的局面。动工兴建中的私人住宅累升至 5.3 万个，半年间急增 7000 个，数字为 2004 年第 3 季 (5.4 万个 ) 后的 8 年来的新高，亦是 8 年来首次高于 5 万个的水平。

2012 年第 2 季已批土地仍未动工的私人住宅，连续 4 个季度高企于 1.3 万个或以上的水平。连同动工兴建中的私楼，过去 4 个季度，累计总供应量增加 0.9 万个，上升到 6.5 万个，数字是 2008 年第 1 季 (6.5 万个 ) 后的 17 个季度新高。预期 2012 年第 4 季，数字可以迫近 7 万个的水平。即未来 3~4 年间，平均每年的落成量有 1.6~2.2 万个。相信 2016 年，私人住宅落成量便可以达到 2 万个的目标。

2012 年第 2 季私人住宅施工量 5300 个，为 2007 年第 3 季 (6200 个 ) 后的 19 个季度新高，较第 1 季的 4900 个，增加 400 个。上半年的施工量累计 1.02 万个，迫近 2011 年全年的 1.03 万个。预期 2012 年全年的施工量可以达到 2 万个，将成为 2000 年以来 12 年新高。

2012 年上半年私人住宅落成量 2300 个，预计全年的落成量有 10603 个。上半年一手市场登记销售新屋 5530 个，预计全年有 1.5 万个。第 2 季新屋现楼货尾 4000 个，预期第 4 季可降至 3000 个。

### 2.1.2 2013 年私人住宅落成 15844 个 将会是 7 年新高

2013 年香港私人住宅落成量有 15844 个单位，按年上升 49%，增加 5236 个，将会是 2006 年 (16579 个 ) 后的 7 年新高。随着政府加快推售住宅用地，预期 2016 年前后，私人住宅落成量很快便可以达到每年 2 万个单位的目标。

选取 53 个私人住宅项目，可望于 2013 年落成的，合计提供 15844 个单位。新界区有 15 个项目，提供 12849 个单位。港岛区 24 个项目，提供 1587 个单位。九龙区 14 个项目，提供 1,408 个单位。

落成量较多的地区：新界有将军澳 (3425 项 )，大埔 (2434 项 )，元朗 (2402 项 )。九龙有长沙湾及石硖尾 (616 项 )。港岛有西区 (404 项 )，铜锣湾 (368 项 )。

较具规模的项目有：石角路 8 号 (1777 项 )，荃湾西站 TW7 项目 (1720 项 )，日出康城三期 (1648 项 )，元朗龙田村项目 (1600 项 )。

### 2.1.3 2012 年私人住宅落成 10603 个 按年升 12%

2012 年落成私人住宅预计有 10603 个，按年增加 1154 个，上升 12%。由 2010—2012 年平均每年落成量 11152 个，成功摆脱 2007—2009 年的谷底 ( 平均每年 8801 个 )。预期 2013 年起，私人住宅落成量会稳步增加，达到每年 1.5 万个的水平。

选取 77 个预计可于 2012 年落成的项目，一共提供 10603 个单位。新界区 24 个项目，共 5312 个单位。九龙区 24 个项目，共 3652 个单位。港岛区 29 个项目，共 1639 个单位。

按地区计算：大埔区 4 个项目，共 1362 个单位。屯门区 6 个项目，共 1307 个单位。将军澳 1 个项目，1168 个单位。油麻地 2 个项目，共 1038 个单位。黄大仙 4 个项目，共 1035 个单位。

较具规模的项目有：将军澳日出康城领凯，1168 个单位。西铁屯门站一期，1091 个单位。马铁车公庙站，981 个单位。黄大仙现崇山，968 个单位。

2012 年获发入住许可证的私人住宅共 9460 个单位。其中铜锣湾 / 跑马地的 Hampton，由旧楼改建而成。剔除后，2011 年新落成私人住宅共 9449 个单位。

### 2.1.4 2011 年私人住宅落成 9640 个历史第 3 低

2011 年落成私人住宅 9449 个，较 2010 年的 13405 个，减少 3956 个，下跌 29%。2011 年的落成量是历史第 3 低数字，仅高于 2008 年的 8776 个，及 2009 年的 7157 个。数字较政府原先预期的 10675 个，减少 1226 个。因为有大型项目延至 2012 年初入伙所致，相应将会推高 2012 年的落成量，重上 1 万个以上的水平。

选取全港 44 个于 2011 年落成的私人住宅进行统计，合共 9449 个单位。新界有 14 个项目，共 6783 个单位。九龙 13 个项目，1597 个单位。港岛 17 个项目，1069 个单位。

落成量较多的地区有：将军澳 2444 个单位，沙田 / 马鞍山 1557 个单位，旺角 1087 个单位，元朗 994 个单位。

主要豪宅区落成量有：山顶 / 南区 24 个单位，跑马地 / 铜锣湾 193 个单位，半山 114 个单位，九龙塘 232 个单位，西贡 3 个单位。

## 2.2 如何增加房屋用地供应

中原专业服务有限公司 总裁 黎坚辉

在过去几年，本港楼价飙升，市场普遍认为由于土地供应长期不足所致。上届特区政府已经开展一系列优化现行的土地供应策略，包括主动定期卖地、加快推出市区重建及地铁上盖物业发展项目招标等。新的特区政府更提议重整政府架构方案，在土地供应政策上，建议将“地政、建筑及规划”合而为一，减少各部门之间的自相矛盾，避免土地资源浪费，务求更有效率地应付市场对房屋的需求。 但由于方案未能赶及上届立法会议，所以有关建议仍未落实及启动。

日前听见电子传媒报导，经调查所得，政府在市区内有大量土地被长期闲置，包括一些荒废的政府建筑物、学校及小区设施用地等，总占地约有几千公顷。 如果特区政府能透过有效的跨部门协调，尽早释放这些用地以作房屋发展，起码可为市场带来一个正面讯息，房屋供应将不会出现断层，不断攀升的楼价可得以舒缓。 但是，政府往往都是“舍易取难”和“议而不决”，总是不能对症下药。

财政司司长曾俊华先生曾提出“六管齐下”的土地供应策略，包括：(1) 更改土地用途 (2) 重建 (3) 收地 (4) 维港以外填海 (5) 发展岩洞 (6) 重用前石矿场。上述各项政策，笔者相信普通大众都不会反对，问题是“几时做、如何做、能否做”而已。 以更改土地用途为例，这包括透过相关分区计划大纲图 (Outline Zoning Plans) 进行修订，将一些由于经济转型而令需求下降的工业用地，改作为非工业或住宅用地。但此举涉及地契用途修改而需补地价，通常政府与业主或发展商意见严重分歧，往往商讨经年而未能达成协议，故此对增加房屋供应帮助存疑。其实政府应该检讨现行修改地契及补地价程序，包括增加人手，加快审批及谈判时间，并研究将个案部份资料如补地价金额公开的可行性，令市场透明度增加，从而令这方案提高成效。

另外，曾司长亦提到正在探讨维港以外填海，将一些荒废的”绿化地带”的土地转作住宅用途，及调整现时市区“政府、机构或小区”(G/IC) 用地规划等，以求增加房屋土地供应。 但是，当政府将有关计划进行公众咨询时，通常都遇到大小不同的社会团体反对，如保育、环保、人权、利益受损者或不同政见组织等，他们都以各自所关注的问题发表意见，抗衡政府的计划，从而令政府施政举步维艰。 近年政府亦邀请市建局透过收地重建，及以“先导计划”形式重建工厦，务求地尽其用及在增加土地供应的同时，计划将市区挤迫的居住环境可得以改善。 但是收地重建会涉及收购价和赔偿安置等繁琐问题，并不可能于短时间内完成。 另一方面，亦有些学者曾建议放宽市区容积率 (Plot Ratio) 的限制，令土地发展空间提高，但此举却引来民间组织对“屏风楼”的关注和反对。

总而言之，增加房屋用地供应其实有许多途径，关键是政府能否果断及坚持。

特区政府优化土地供应主要途径包括如下几方面：

一是优化土地供应策略——2012 年香港特区政府公布“优化土地供应策略”并咨询公众——为巩固香港的可持续发展，必须优化土地供应策略，制定良好的供地模式组合及累积一定的土地储备，以平衡社会、环境和经济发展的需要。在维港以外填海和发展岩洞，是形成良好供地模式组合和建立土地储备的好方法。

二是土地储备确保适时供应——目标是确保供应的土地每年平均能提供约 4 万个各类住宅单位。当土地需求下降时， 开拓土地工作会继续， 新开拓土地会成为政府土地储备， 在适当时候再推出。

三是在维港以外填海——在维港以外填海亦有其他好处， 就是能以环保的方式利用剩余的建筑填料及处理污染海泥。这样做可以避免跨境处置此等物料， 无须因运送过程而增加额外成本和碳排放。

四是发展岩洞——香港约有 64% 的土地适合发展岩洞，这些土地，特别是在位处市区或市区附近的土地，是宝贵的土地资源。为了善用这些宝贵资产，会积极研究更多创新的岩洞使用方法， 重置现有的公共设施， 释放有关用地作房屋及其他用途。就迁移沙田污水处理厂、摩星岭食水主配水库和坚尼地城食水配水库至岩洞进行可行性研究。

五是指导原则及初步选址准则——以“社会和谐与效益”、“提高环境效益”和“经济效率与实用性”作为指导原则，为制定选址准则提供纲领，协助确保选址准则能达到进步发展这个最终目标。

六是未来路向——目标是制定一份有 10 个可作填海地点及 8 个可作岩洞发展地点的清单。

## 2.3 限呎、限量与限高的影响

中原测量师行 执行董事 张竞达

现时香港的营商环境比以往真的大不同，由于政治环境转变，现在政府很多事都要管，都要限制。以房地产为例，由于要提供足够的供应量，政府在一些新的批地章程中加入限以或限量的条款，甚至 2 条条款一并加入都有，再加上环保意识抬头，政府已于不同途径加入限高的概念。究竟这些限制会对发展商或大众有甚么影响呢？

限呎是上述 3 种限制之中影响最大的。它的理念是透过此限制来保证将来有某类型单位有一定的供应量。为了满足大家“上车”难的要求，此类型限制的单位一般以中小型单位居多。由于限呎的关系，单位数目亦有一定限制，这限制是发展商最不想见的，因开发弹性被扼杀，某程度上扭曲了市场的运作，当然扭曲的程度亦因地区不同市场不同而定。举例 2011 年 7 月推出的东涌第 55A 区非工业用地，它的卖地章程中更要求发展商兴建不少 1650 个 35~45$m^2$ 实用面积之住宅单位及不少于 370 个 45~60$m^2$ 实用面积之住宅单位。由于以上 2 种单位在东涌还算吃香，故此地仍可以以楼面地价每平方呎 2740 港元卖出，相比 2010 年 5 月东涌第 55B 区的楼面地价仍高出 13.7%（由 2010 年 5 月—2011 年 7 月新界西住宅楼价已有 28.9% 的升幅）。

限量影响相对较限制少，但也不算轻微。由于一般卖地章程都列出地盘楼面之上限，故限量在某程度上亦限制了单位的大小。当然发展商仍有一定之设计弹性，如可以以一大一小的形式来提供不同级数之单位供应，这限制在一些传统豪宅区的影响会较一些传统“上车盘”的区域来得大，因发展商不能把所有楼面面积用来开大单位豪宅。例如在 2011 年 8 月才出售的位于沙田九肚山 56A 区的住宅用地，当中加入了物业不能少于 970 个单位的条款，此地皮之楼面上限为 1031471 平方呎，因此单位之平均最大面积便不能大于 1063 平方呎。发展商当然可以兴建一些大于上述面积单位，但由于要乎合单位的最少数字，故一定要加入一些小单位以作平衡。由于该区是传统的豪宅区，小单位未必能为市场所接受，故此条款大大限制了发展商开则的弹性，从而增加了风险。故此地皮之成交价只有 55 亿港元，楼面地价约为每平方呎 5332 港元，远低于市场估计。但另一幅位于上述地皮附近之住宅用地，于 2012 年推出时已没有上述限制，卖出时之楼面呎价更高达每平方呎 10558 港元，较对上一幅高出近一倍。由此可见限量之影响在一些区影响会较大。

限高的影响则很直接，就是将来物业的高度不能高于某个水平。一般来说，物业越高，单位的景观则会越开敞，单位的价钱亦可卖高些。限高的目的是为了减少所谓”屏风楼”，但在发展商要起尽地皮能兴建的楼面，不能向高发展意味着只能向横发展，新的物业变得“又肥又矮”，会否比又高又瘦的大厦更加有屏风效应呢？这真的要留给其他专家去判断。

香港部分限制性地块明细

表 2-1

| 拍卖 / 截标日期 | 楼面地价（每平方英呎） | 地点 | 注 |
|---|---|---|---|
| 2010 年 5 月 11 日 | 2000 | 大屿山东涌第 55B 区（映湾园以北、迎禧路对开） | 用途：住宅（乙类）<br>地积比率 5.1 倍<br>地盘面积：282017 平方呎<br>住宅楼面上限：1410084 平方呎<br>非工业用途：28202 平方呎<br>其他条款：建筑物高度限制，主水平基准上 125m<br>预计投资额：54.2 亿 ~64.2 亿元 |
| 2011 年 7 月 22 日 | 2740 | 大屿山东涌第 55A 区 | 可建楼面（平方呎）：<br>住宅：1367028 商业：27341<br>限呎条款：单位实用面积不可多于 646 平方呎；其中 650 伙须介乎 377 至 484 平方呎；其余 370 伙须介乎 485 至 646 平方呎<br>高度限制：主水平基准上 95m |
| 2011 年 8 月 9 日 | 5332 | 沙田第 56A 区九肚（A 地盘） | 限建单位数量：不得少于 970 个<br>建筑物高度：197m 及 202m |
| 2012 年 5 月 18 日 | 10558 | 沙田第 56A 区九肚（B5 地盘） | 座数：20 至 22 座洋房<br>平均单位面积：2500 平方呎<br>高度限制：主水平基准上 218.5m<br>“发水”10% 后总楼面面积：55414 平方呎 |

数据来源：中原地产研究部

## 2.4 为何强拍个案增加但联合出售成功案例却减少

中原测量师行 执行董事 张竞达

自从 2010 年 4 月政府把强拍门坎由 90% 业权降至 80% 后，申请个案随即上升，由 2010 年全年 21 宗上升至 2011 年的 46 宗，而到 2012 年上半年已有 44 宗申请。上述数字当中，在 2010 年八成业权申请只有 5 宗，占全年 24%，但在 2011 年已上升至 22 宗，占总数 48%，到 2012 年上半年 44 宗申请当中有 31 宗是八成业权申请，占总数 71%。

香港土地审裁处近年接获强拍申请情况（2009—2012 年） 表 2-2

| 年份 | 据九成业权门坎提出申请 | 据八成业权门坎提出申请 |
|---|---|---|
| 2009 | 8 | — |
| 2010 | 16 | 5 |
| 2011 | 24 | 22 |
| 2012* | 13 | 31 |

* 截止至 6 月底数字

注：1. 2010 年 4 月 1 日起修定条例，特定条件的强拍门坎申请，由原有的九成或以上业权，加设八成或以上业权

2. 八成业权门坎的申请条件：

a. 修定生效前，地段上每一个单位，所占业权份数均为 10% 或以上

b. 提出申请时，地段上每所建筑物的落成时间均均达到 50 年或以上

c. 提出申请时，地段并非工业地带，地段上所有建筑物均属工业用途，及落成时间均达 30 年或以上

3. 落成日期以屋宇署的占用许可证为准

4. 单位是土地注册登记占有地段业权不可分割份数的处所

5. 工业用途以屋宇署批出图则为准，包括货仓

资料来源：中原地产研究部

放宽门坎后，申请宗数大幅上升，而八成业权申请亦占多数，但与此同时，成功以联合出售之个案却不多，还有越来越难做的趋势。一般预期强拍门坎降低了，理应较易游说业主参与联售，但事实上却刚好相反，原因为何呢？

以往发展商或收楼公司收购旧楼往往以“集中收购”形式进行，即每一个单位之买卖是连同其他单位一并进行。因它们明白到这些旧楼业权往往是平均分配，没有地铺的参与只有楼上住宅是很难有九成或以上业权的，但问题是往往地铺售价太高从而令它们却步。

测量师行在此时介入反而有机会把楼上及楼下之分歧拉近。测量师可以利用自己的专业知识，陈述各业主自身利益关系，只要测量师锲而不舍还是有机会平衡到各方利益，从而集中业权联合出售。本公司过往于新东方台及皇龙道成功以联合出售形式把所有业权售于发展商便是成功之例子。

但自从强拍门坎下调至 8 成后，发展商或收楼公司之策略亦有所改变。它们由“集中收购”形式改变为“策略性落钉”。它们改变策略形式有多个原因：

(1) 由于门坎下降了，很多旧唐楼只要收足楼上所有住宅业权便过八成，以往需要铺位业主参与的“零和游戏”已不存在。由于楼上住宅业主出售的意欲往往比地铺业主大，他们大多乐意以一个较市值高少许的价钱卖给收楼公司。要知道一幢“孖楼梯”之旧唐楼只要有 2~3 户售予收楼公司，测量师便很难集合 8 成或以上业权去联售。

(2) 由于收到太多关于对收楼公司的投诉，地监局于 2010 年推出一系列指引（见表 2-3）。由于收楼公司的员工都是地产代理，做的生意亦受地监局监管，上述指引某程度上是有效地管制了收楼公司的运作，但可惜为时已晚，一些收楼公司已转营为发展商，它们可以真金白银购入数个单位作长线收楼用途，故集合足够业权招标联售的可能性又进一步降低。

香港地产监管局的收楼指引

表 2-3

| 香港地产监管局的收楼指引 |
|---|
| 1. 必须向卖方表明行的身份 |
| 2. 必须披露任何利益 |
| 3. 必须提供准确数据 |
| 4. 不可使用骚扰或其他不当手段 |
| 5. 不可聘用并非持牌地产代理或营业员的人士 |
| 6. 必须解释收购的所有条款及条件 |
| 7. 制定一份妥善的临时买卖协议 |
| 8. 不可在未得到业主同意下在楼宇张贴横额 |

(3) 由于楼价近来升幅不少，相对于 2005 年初投入联售市场时，住宅物业已有超过 200% 的升幅，以往旧楼业主透过联合出售所收取的金额足够他们在同区换上一个新的单位，连装修费也可以支付。但楼价急升后，现在旧楼业主要在同区换楼的话，他们出售旧楼之价钱便要大幅提升，升幅之大往往令那些旧楼坐落之地皮和楼面地价亦大幅提升，如果出售单位之呎价达不到他们的要求，他们宁可不参与联售。纵使测量师行能并合足够之业权联合出售，价钱太高，令到发展商入标之意欲大为降低。

因此，自从强拍门坎下降后联合出售的例子越来越少，而一些测量师行亦变身为财团或发展商收购旧楼。话虽如此，中原测量师行仍接到很多旧楼业主的查询，对联合出售仍有一定之信心。所以联合出售虽然越来越难进行，但并非完全没有作为。就 2012 年为例，中原测量师行便有机会推出 4~5 个项目，其中一个项目已完成招标程序，正与有兴趣之发展商洽谈当中。

# 第 3 章
# 香港各类型住宅市场

## 3.1 豪宅市场逐步回升成交总值将创新高

### 3.1.1 豪宅市场逐步回暖

中原豪宅山顶南区董事兼大中华高端物业香港办公室总经理 何兆棠

中原地产九龙豪宅及西貢區 高级营业董事 李子明

中原地产大埔及新界东豪宅 高級营业董事 黄泽文

2012 年豪宅市道起伏不定，一方面受欧债问题拖累，另一方面政府压市措施（包括收紧 1000 万以上豪宅按揭成数至 5 成、增加物业额外印花税及严禁楼花摸售等）见成效，均令豪宅交投大受打击。加之上半年政府适逢换届，新政府监管楼市态度未明，多方因素令市场入市信心大减，豪宅交投气氛愈见淡静。中上价物业业主不肯以低价沽货，愈见惜售，叫价态度转趋强硬；另一方面，买家入市变得审慎，高追优质单位，致双方持续争持，年初时豪宅市道更进入冰封期，成交连续几月于低位徘徊，以山顶南区为例，首季仅录得 47 宗买卖，宗数对比 2011 年同期录得 90 宗，大跌近 5 成。

幸及后欧洲各国相继推行量化宽松政策，令欧债问题得以暂时舒缓；另人民银行亦于早前宣布调低存款储备金，鼓励国内资金再次涌入物业市场，香港市场亦受惠，买家重拾信心，纷纷重投豪宅买卖。2012 年 3 月下旬起为豪宅市况之转折点，豪宅交投的涉资金额及成交宗数均明显增加，巨屋、别墅及顶楼连天台特色户重新受到市场追捧，如新界区“比华利山别墅”迄今已售出逾 9 成单位、港岛区“贝沙湾”及“深湾 9 号”销情持续畅旺、九龙区“御金. 国峯”亦一度成为抢购目标，交投气氛逐步回暖。

参考 2012 年首 7 个月登记宗数较高之豪宅，亦以一手新盘为主，如排名第 1 的九龙区“御金. 国峯”及排名第 2 之新界区“歌赋岭”，分别录得 247 宗及 205 宗成交，而港岛区传统豪宅“贝沙湾”亦录得 61 宗买卖，表现平稳，排名第 3。“御金. 国峯”更为涉资金额最高豪宅，总登记金额达 56.4 亿港元，即平均每伙售价达 2283 万港元。其他 2011 年已推售之一手新盘亦能保持销情，如“深湾 9 号”录得成交 59 宗，“比华利山别墅”录得成交 54 宗及“纪云峰”录得 50 宗，总成交金额顺序为 21.32 亿港元、17.55 亿港元及 20.31 亿港元，表现理想。

2012 年本港分层豪宅亦屡创出高价成交纪录，其中包括：港岛区“福慧大厦”分层单位，建筑面积 6899 平方呎，成交价 3 亿港元，呎价达 43485 港元；南埼独立屋，建筑面积 4578 平方呎，造价 2.5 亿港元，平均呎价 54609 港元；九龙区九龙塘多实街 8 号洋房，建筑面积 6111 平方呎，以 2.0638 亿港元易手，平均呎价约 33772 港元；新界大埔“比华利山别墅”3 期湖景道洋房，建筑面积 10464 平方呎，成交价 1.15104 亿港元，平均呎价约 14434 港元。

而随着下半年全港将继续有大量豪宅楼盘推售，如港岛区出租豪宅“红山半岛”分拆出售、九龙区九龙塘安域道项目蠢蠢欲动、新界区“天赋海湾”亦开始筹备第 3 期开售，锐意发展为临海科学园低密度住宅；其他有意于第 4 季推售的豪宅物业尚有“元朗尔峦”、“太子道西加多利山”等，故下半年豪宅市场仍有极大机会提供逾千伙单位应市，相信市场反应仍然热烈。

根据中原地产研究统计，价值 1200 万港元以上之一手豪宅登记数字由 2011 年 2884 宗递升至 2012 年 3200 宗，止跌回升；一、二手登记涉资金额亦由 2011 年之 1649.83 亿港元增加至 2012 年之 1800 亿港元，更已超越 97 年旺市时期 1421.29 亿港元水平，市况乐观。主要因为欧洲央行决心救市，欧债问题渐见明朗化，增加市场信心，加上下半年发展商大力推盘，刺激买家入市意欲，成交因而上升。预料外围不利因素对豪宅市况影响正逐渐减弱，下半年豪宅市场亦吸纳了更多购买力，带动新一轮豪宅交投，估计 2013 年豪宅交投价量皆能保持优势，继续平稳向升。

### 3.1.2 2012 年整体豪宅买卖总值将创历史新高

中原地产研究部 主任 罗家宁

2012 年上半年价值 1200 万港元以上的豪宅（包括一手及二手）买卖合约登记录得 2,808 宗，总值 815.88 亿港元，预计全年可达 6000 宗及 1800.0 亿港元，将较 2011 年的 5828 宗及 1649.83 亿港元，分别上升约 3 个百分点及 9 个百分点。因为预期下半年发展商积极推售大型全新豪宅，加上 2012 年二手豪宅表现平稳，将带动整体豪宅交投畅旺。估计 2012 年整体豪宅买卖总值将升穿 2010 年 1782.36 亿港元的高位，创 1996 年有记录以来历史新高。

一手方面，虽然 2012 年上半年发展商惜售豪宅新盘，但相信下半年会转趋积极开售豪宅，而且定价进取，将刺激一手豪宅市道气氛旺盛。2012 年上半年价值 1200 万港元以上的一手豪宅买卖合约登记录得 1318 宗，总值 375.66 亿元，预料全年约有 3200 宗及 950.0 亿港元，将较 2011 年的 2884 宗及 833.62 亿港元，分别上升约 1 成及 1.4 成。估计 2012 年一手豪宅登记宗数及金额将同创 17 年历史新高。

二手方面，由于豪宅市场前景乐观，吸引不少资金流入，不少高价住宅备受追捧，以致二手豪宅市况维持平稳活跃。2012 年上半年价值 1200 万港元以上的二手豪宅买卖合约登记录得 1,490 宗，总值 440.22 亿港元，预计全年约有 2800 宗及 850.0 亿港元，将较 2011 年的 2944 宗及 816.21 亿港元，分别轻微回落 5 个百分点及 4 个百分点。

2012 年上半年录得最多买卖登记的豪宅屋苑为油麻地御金 · 国峯，录得 247 宗，总值 56.40 亿港元。其次是上水歌赋岭，录得 205 宗，总值 46.08 亿港元。薄扶林贝沙湾录 61 宗，位列第 3，总值 20.54 亿港元。香港仔深湾 9 号录 59 宗，排名第 4 位，总值 21.32 亿港元。

香港买卖登记宗数较高的豪宅统计 (2012 年前 7 个月) 表 3-1

| 屋苑名称 | 宗数 | 金额（亿港元） |
|---|---|---|
| 御金 · 国峯 | 247 | 56.40 |
| 歌赋岭 | 205 | 46.08 |
| 贝沙湾 | 61 | 20.54 |
| 深湾 9 号 | 59 | 21.32 |
| 比华利山别墅 | 54 | 17.55 |
| 曦峦 | 54 | 8.40 |
| 春晖 8 号 | 52 | 24.25 |
| 纪云峰 | 50 | 20.31 |
| 擎天半岛 | 47 | 8.89 |
| 君临天下 | 45 | 13.45 |
| 天赋海湾 | 45 | 10.04 |

注：(1) 豪宅指价值 1200 万港元以上的一手及二手私人住宅
(2) 资料以登记宗数由高至低排列
数据来源：中原地产研究部

香港豪宅买卖合约登记按年统计(1996—2012年)

表3-2

| 年份 | 一手登记 | | 二手登记 | | 总计 | |
|---|---|---|---|---|---|---|
| | 宗数 | 金额(亿港元) | 宗数 | 金额(亿港元) | 宗数 | 金额(亿港元) |
| 1996 | 307 | 70.18 | 2217 | 450.98 | 2524 | 521.16 |
| 1997 | 1025 | 228.22 | 5398 | 1193.07 | 6423 | 1421.29 |
| 1998 | 645 | 145.53 | 1116 | 218.71 | 1761 | 364.24 |
| 1999 | 398 | 84.70 | 793 | 153.98 | 1191 | 238.68 |
| 2000 | 577 | 118.02 | 637 | 129.10 | 1214 | 247.11 |
| 2001 | 143 | 45.18 | 378 | 81.09 | 521 | 126.27 |
| 2002 | 299 | 56.01 | 359 | 74.06 | 658 | 130.08 |
| 2003 | 473 | 93.72 | 433 | 87.37 | 906 | 181.09 |
| 2004 | 1175 | 289.61 | 1420 | 307.61 | 2595 | 597.22 |
| 2005 | 1792 | 398.67 | 1509 | 349.90 | 3301 | 748.56 |
| 2006 | 492 | 142.89 | 1458 | 355.33 | 1950 | 498.23 |
| 2007 | 2295 | 627.55 | 3125 | 811.48 | 5420 | 1439.03 |
| 2008 | 1186 | 355.62 | 2304 | 599.53 | 3490 | 955.14 |
| 2009 | 2433 | 594.37 | 2727 | 661.75 | 5160 | 1256.12 |
| 2010 | 2999 | 738.85 | 3976 | 1043.50 | 6975 | 1782.36 |
| 2011 | 2884 | 833.62 | 2944 | 816.21 | 5828 | 1649.83 |
| 2012* | 3200 | 950.00 | 2800 | 850.00 | 6000 | 1800.00 |

注:豪宅指价值1200万港元以上的一手及二手私人住宅;*为预测数字

数据来源:中原地产研究部

图3-1 香港整体豪宅(包括一手及二手)买卖合约登记按年统计(1996—2012年)

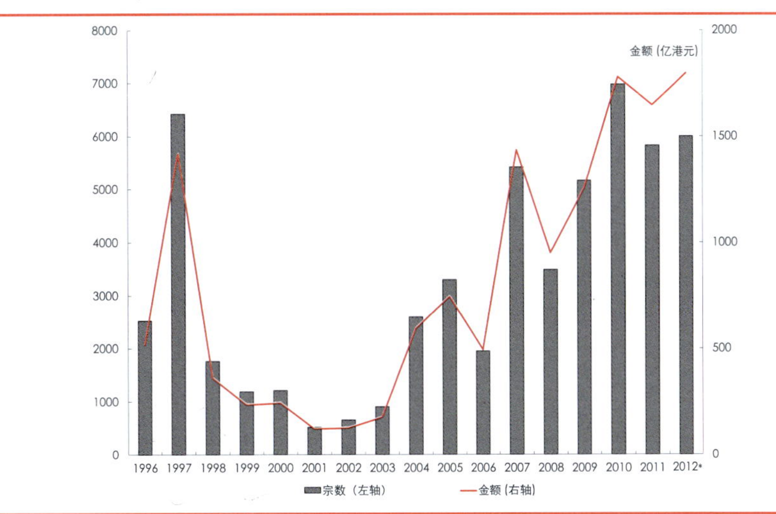


注:豪宅指价值1200万港元以上的一手及二手私人住宅;*为预测数字

数据来源:中原地产研究部

## 3.2 2012 年整体洋房交投按年上升约 1 成

中原地产研究部 主任 罗家宁

2012 年上半年整体洋房（包括一手及二手）买卖合约登记录得 726 宗，总值 216.37 亿港元，预计全年约达 1,210 宗及 350.0 亿港元，将较 2011 年的 1,101 宗及 339.17 亿港元，分别上升约 10% 及 3%。虽然二手洋房市道回软，但在大型一手洋房新盘推售的刺激下，整体洋房交投向升。

2012 年上半年新盘“上水歌赋岭”推售，销情理想，带动一手洋房登记急升。上半年一手洋房买卖合约登记录得 342 宗，总值 110.67 亿港元，估计全年约有 460 宗及 170.0 亿港元，将较 2011 年的 308 宗及 149.79 亿港元，分别上升约 5 成及 1.3 成。上半年“上水歌赋岭”录得 205 宗一手登记，总值 46.08 亿港元，宗数占了同期一手洋房登记的 6 成。

二手方面，2012 年受到欧债危机拖累，本港股市持续波动，阻碍买家的入市步伐，而且有大型新盘推售，焦点转移一手市场，导致二手洋房交投下降。2012 年上半年二手洋房买卖合约登记录得 384 宗，总值 105.70 亿港元，预料全年约有 750 宗及 180.0 亿港元，将较 2011 年的 793 宗及 189.39 亿港元，分别各轻微减少 5%。估计 2012 年全年的二手洋房买卖宗数将创 2002 年 648 宗后的 10 年新低，而金额将创 2008 年 174.50 亿港元后的 4 年低位。

由于港岛及九龙区的传统豪宅洋房地段供应缺乏，所以发展商积极伸延新界地段成为豪宅区，令新界的洋房供应增多，该区的洋房买卖亦显著上升。2012 上半年新界区录得 677 宗洋房买卖登记，远较香港区的 35 宗及九龙区的 14 宗优胜。另外，新界区以 135.21 亿港元的洋房买卖登记总值居首，香港区以 61.82 亿港元居次，九龙区则录得 19.35 亿港元。

2012 上半年有 30 宗一亿港元以上的高价洋房买卖登记。2 月份渣甸山谷柏道 19 号，成交价录 4.68 亿港元。1 月份南区香岛道 33 号 5 号洋房，成交价录 3.0 亿港元。

香港买卖登记金额较高的洋房登记个案（2012 年上半年） 表 3-3

| 登记日期 | 区份 | 地址 | 金额（亿港元） |
|---|---|---|---|
| 2012 年 2 月 | 渣甸山 | 谷柏道 19 号 | 4.68 |
| 2012 年 1 月 | 南区 | 香岛道 33 号 5 号洋房 | 3.00 |
| 2012 年 2 月 | 薄扶林 | 贝沙湾 5 期 7 号洋房 | 2.95 |
| 2012 年 2 月 | 山顶 | 贝璐道 4 号 裕熙园 E 座洋房 | 2.20 |
| 2012 年 4 月 | 南区 | Shouson Peak 寿山村道 17A 号洋房 | 2.08 |
| 2012 年 4 月 | 九龙塘 | 多实街 8 号 | 2.06 |
| 2012 年 4 月 | 南区 | Shouson Peak 寿山村道 17D 号洋房 | 1.93 |
| 2012 年 1 月 | 九龙塘 | 牛津道 1 号 3 号洋房 | 1.82 |
| 2012 年 1 月 | 九龙塘 | 牛津道 1 号 2 号洋房 | 1.80 |

数据来源：中原地产研究部

图 3-2 香港整体洋房买卖(包括一手及二手)合约登记按年统计(1996—2012 年)

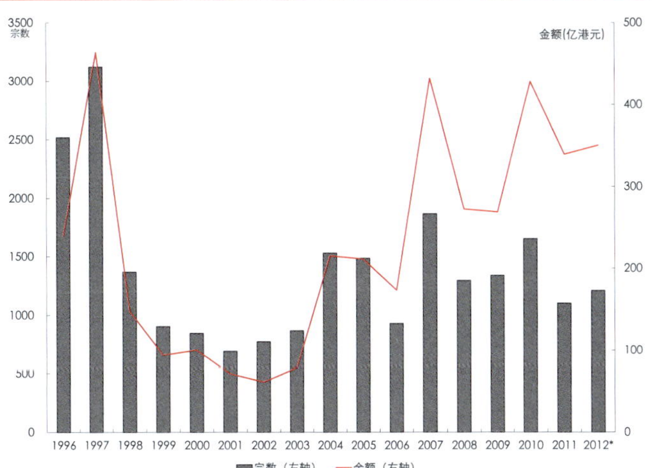


注：洋房包括独立屋、半独立屋、排屋、独立地段之全栋村屋；* 预测数字
数据来源：中原地产研究部

## 3.3 中小型住宅量价齐升 跑赢大市

中原地产港岛香港仔、薄扶林及西環住宅部 营业董事 刘文胜

中原地产奥运站及大角咀区 营业董事 蔡日基

中原地产屯门、天水围及元朗区 高级营业董事 方启明

2012 年 7 月新一届特区政府上任，政策大方向确认，消除市场忧虑，紧接又推出新居屋政策，准许合资格人士进入居屋第二市场，迅即令楼市全面恢复升势，中小型物业成为市场入市焦点，成交价量跑赢大市。根据中原研究部数据显示，2012 年截至 8 月 17 日，反映香港中小型住宅楼价的中原城市大型屋苑领先指数 (CCL Mass)，报 104.85 点，创历史新高，与 2012 年 1 月 1 日的 92.41 点比较，本港整体大型屋苑楼价于大半年间上升 13.5%。

港岛区方面，港岛西南区聚集大量中小型住宅，比较具规模的热门屋苑如置富花园、薄扶林花园、深湾轩、海怡半岛、香港仔中心等；热门的小型屋苑有泓都、嘉丽台等。中原地产港岛西南区营业董事刘文胜表示，港岛西南面地理上十分接近中上环、金钟等商业核心区，楼价亦较南区、半山一带相宜，故一直不乏用家捧场，而区内物业租金回报一般可达 4 厘，比银行存款利息优胜，故亦吸引投资客追捧。受惠港铁西港岛线将于 2017 年落成，区内物业升值潜力备受市场看高，2012 年西南区有 3 个新盘开售，吸引买家蜂拥入市，销情热炽。

以指标屋苑海怡半岛为例，屋苑三面环海，设有大型会所，一向深得用家欢心，受铁路概念牵动，屋苑成交频密。根据 2012 年上半年全港 10 大指针屋苑成交量统计显示，海怡半岛的成交量升幅最多，按半年计急升 1.2 倍。刘文胜指出，海怡半岛的楼价于 2012 年上半年间上升约 10%~15%，升幅显著。相信下半年屋苑交投表现继续乐观造好，于大市气氛畅旺及放盘持续紧张下，料下半年楼价录 5% 升幅。值得留意的是，鸭脷洲毗邻深湾轩的一幅地皮于 2012 年获中国海外以每平方呎楼面地价约 1.1 万港元投得，连建筑成本计料开售呎价约 2.2 万港元，故周边二手物业尤其深湾轩之升值潜力实在不容忽视，现时深湾轩平均呎价约 1 万港元，料短期内将冲上 1.3 万港元水平。刘氏续指，港岛西南区正蕴酿变天，需求大增下，加上新盘销情畅旺，成功吸引市场目光投入区内，预计 2012 年下半年，西南区物业交投将持续造好，一、二手市场百花齐放。

九龙区方面，近年九龙站及奥运站的豪宅市场炙手可热，屡录高价成交，刺激周边的大角咀、油麻地等地之中小型物业亦受市场热捧，追涨现象持续。中原地产奥运站营业董事蔡日基表示，九龙站及奥运站楼价拾级而上，而大角咀一带的中小型物业，不论是新楼或楼龄较高的屋苑或单幢式物业，楼价入场门坎较低，升幅相对落后，因而成为追涨的对象。如大角咀港湾豪庭，供应“上车”人士追捧的 300~400 平方呎单位；如富多来新村，信步即达奥运站，交通方便，位置绝不比“奥运三宝”逊色，因此不乏捧场客。

事实上，大角咀一带屋苑具备市区及铁路优势，吸引不少于中上环、金钟上班的人士租用，促使住宅租金持续坚挺向上，区内整体租金于最近 3 年间录得 1 倍升幅。如单幢物业海明阁，3 年前月租仅约 4500 港元，现时租金已跳升至 8500 港元水平，升幅显著。蔡日基指，2012 年政府换届，新政府上场后政策方向明确，加上刚性需求带动，中小型住宅需求强劲。大角咀的中小型住宅回报普遍高达 4—6 厘，租金撑起楼价，支持楼价持续向上，2012 年截至上半年，区内物业造价平均录得约 20% 的升幅。于盘源匮乏下，区内物业升值潜力将再看高一线。当中富多来新村，享毗邻奥运站的优势，预计年内呎价将有 20%~30% 的上升空间，看 6000 港元水平，升值潜力不容忽视。

新界区方面，近年新界西北地区发展加快，区内物业受追捧程度与日俱增，升值潜力亦被看高一线。中原地产屯门、天水围及元朗区高级营业董事方启明表示，政府积极发展基建及运输系统，令新界西北部接驳市区畅达快速，随着西部通道的开通，新界西北已逐渐成为连接内地的一个重要枢纽，三大中心区屯门、元朗及天水围无论新建或传统大型屋苑，以及单幢式物业，因楼价相对市区具竞争力，加上前景亮丽令物业升值潜力备受市场看高，除深得本地用家欢迎之余，亦吸引不少内地买家垂青购入，刺激区内物业成交价、量齐升。受惠深圳前海发展，港府又计划两地合作及发展金融业务，新界西北地区物业市场展现潜力，区内一、二手物业受追捧程度节节攀升。

数据显示，天水围大型指标屋苑嘉湖山庄，2012 年成交持续畅旺，上半年录得 580 宗成交，比 2011 年下半年的 406 宗增加 43%；呎价方面亦所提升，2012 年 6 月平均成交呎价 3681 港元，比 2011 年 12 月的 3020 港元，录 22% 升幅，表现跑赢大市。方氏预计，2012 年下半年新界西北地区中小型物业的成交表现将持续畅旺，尤其屯门区，受惠屯门西铁站大型新盘“珑门”的开售，相信有助刺激周边物业的交投，楼价及租金将水涨船高。

### 3.4 2012 年细价楼买卖比例跌破 2 成创历史新低

预计 2012 年全年价值 200 万港元或以下的低价二手私人住宅买卖合约登记约达 10000 宗及 160.0 亿港元，将较 2011 年的 17506 宗及 274.54 亿港元，分别急降约 4.3 成及 4.2 成。另外，估计全年细价楼登记宗数比例为 17.0%，较 2011 年的 25.8% 下跌约 9 个百分点。细价楼比例首度跌穿两成，是创 1996 年有记录以来 17 年历史新低。

2012 年楼价持续向升，反映楼价的中原城市领先指数 (CCL) 升破 1997 年高峰并续创历史新高，以致市场上的低价上车盘源大减，影响细价楼买卖比例显著下滑。细价楼比例连续 6 年下跌，由 2006 年的 60.8% 下降至 2012 年预计的 17.0%，累积跌幅约达 44 个百分点。

2012 年上半年价值 200 万港元或以下的低价二手私人住宅买卖合约登记录得 6393 宗，总值 102.35 亿港元。而 2012 年上半年细价楼登记宗数比例录 19.6%。

以分区计算，新界区为低价上车盘的集中地，2012 年上半年该区价值 200 万元或以下的二手私人住宅买卖合约登记录 3964 宗，占整体细价楼 6393 宗登记的 62.0%。另外，九龙区及港岛区的低价二手私人住宅买卖有 1949 宗及 480 宗，分别占 30.5% 及 7.5%。

2012 年上半年嘉湖山庄录得最多低价二手买卖登记，有 128 宗，总值 2.38 亿港元。荃湾中心录 104 宗居次，总值 1.94 亿港元。金狮花园录 97 宗，位列第 3，总值 1.81 亿港元。豫丰花园及大兴花园分别有 66 宗及 61 宗，排名第 4 及第 5 位，总值 1.23 亿港元及 1.12 亿港元。

香港低价二手私人住宅登记量较高的屋苑 (2012年上半年)　　表3-4

| 屋苑名称 | 宗数 | 金额 ( 万港元 ) |
|---|---|---|
| 嘉湖山庄 | 128 | 23789.8 |
| 荃湾中心 | 104 | 19367.2 |
| 金狮花园 | 97 | 18053.9 |
| 豫丰花园 | 66 | 12288.5 |
| 大兴花园 | 61 | 11202.2 |
| 新屯门中心 | 56 | 10404.9 |
| 翠屏花园 | 54 | 9443.5 |
| 荃德花园 | 50 | 9279.1 |
| 丰景园 | 49 | 8549.5 |
| 河畔花园 | 47 | 8915.7 |
| 得宝花园 | 42 | 8006.3 |
| 翠林花园 | 33 | 5319.4 |

注：低价指价值 200 万元或以下的二手私人住宅
数据来源：中原地产研究部

图 3-3 香港历年低价二手私人住宅买卖合约登记量及其比例走势（1996—2012 年）

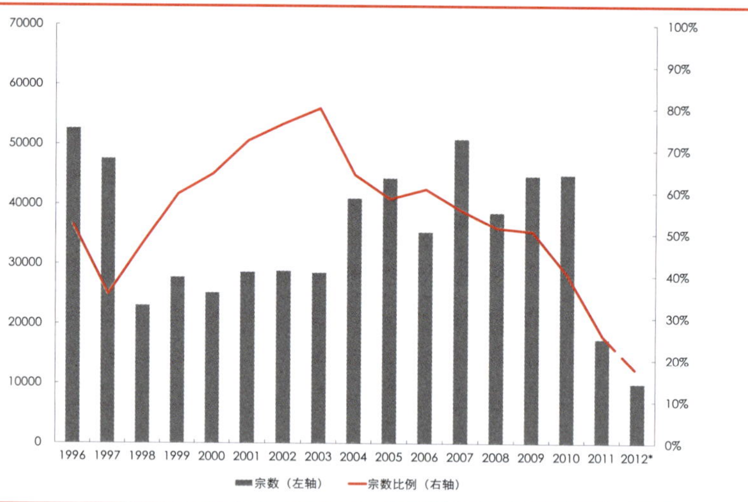


注：低价指价值 200 万元或以下的二手私人住宅；

比例指低价买卖宗数占同期整体二手私人住宅买卖的百分；* 预测数字比

数据来源：中原地产研究部



## 3.5 2012 年一手住宅车位买卖宗数将创历史新高

中原地产研究部 主任 罗家宁

2012 年发展商积极将旗下新盘车位放售，以及有大业主拆售屋苑车位，新盘车位供应增加，刺激一手车位交投急增。上半年一手住宅车位买卖合约登记录得 2383 宗，总值 13.60 亿港元。预测 2012 年全年约有 4500 宗及 30.0 亿港元，将较 2011 年的 3337 宗及 24.11 亿港元，分别上升 3.5 成及 2.4 成。估计 2012 年一手车位宗数可升破 2004 年的 4,498 宗，创出 1996 年有记录以来历史新高。另外，估计 2012 年一手金额是继 1997 年的 38.22 亿港元之后，创 15 年新高。

二手方面，2012 年上半年二手住宅车位买卖合约登记录得 2,169 宗，总值 12.40 亿港元，预测全年约有 4500 宗及 25.0 亿港元，将较 2011 年的 4394 宗及 23.20 亿港元，分别轻微增加约 2 个百分点及 8 个百分点。二手车位交投连续 3 年维持相若水平，显示近年本港楼市气氛向好，车位需求殷切，加上受低息影响，住宅车位投资备受追捧，推动二手车位市况平稳畅旺。估计 2012 年二手车位总值为 1997 年 29.10 亿港元后的 15 年高位。

整体市况方面，因为市场有大量住宅车位拆售，而且二手车位交投平稳活跃，以致整体车位买卖上扬。2012 年上半年整体住宅车位买卖合约登记（包括一手及二手）合共录得 4552 宗，总值 25.99 亿港元。预计全年达 9000 宗及 55.0 亿港元，将较 2011 年的 7731 宗及 47.32 亿港元，分别各上升约 1.6 成。预料整体住宅车位登记是继 1997 年的 9237 宗及 67.31 亿港元之后，创 15 年新高。

2012 年上半年住宅车位买卖登记最多的屋苑是何文田"半山壹号"，录得 631 宗，总值 6.49 亿港元。屯门"美乐花园"以 299 宗居次，总值 3879.2 万港元。屯门"星堤"录得 219 宗，排名第 3 位，总值 1.57 亿港元。元朗"尚城"有 205 宗，位列第 4，总值 7474.0 万港元。上述屋苑的车位买卖登记较多，因为发展商和大业主积极将车位拆售所致。

在分区统计方面，上半年新界区录得 2497 宗住宅车位买卖登记，总值 9.44 亿港元。九龙区录 1401 宗，总值 12.11 亿港元。香港区录 654 宗登记，总值 4.44 亿港元。

图 3-4 香港整体住宅车位（包括一手及二手）买卖合约登记按年统计

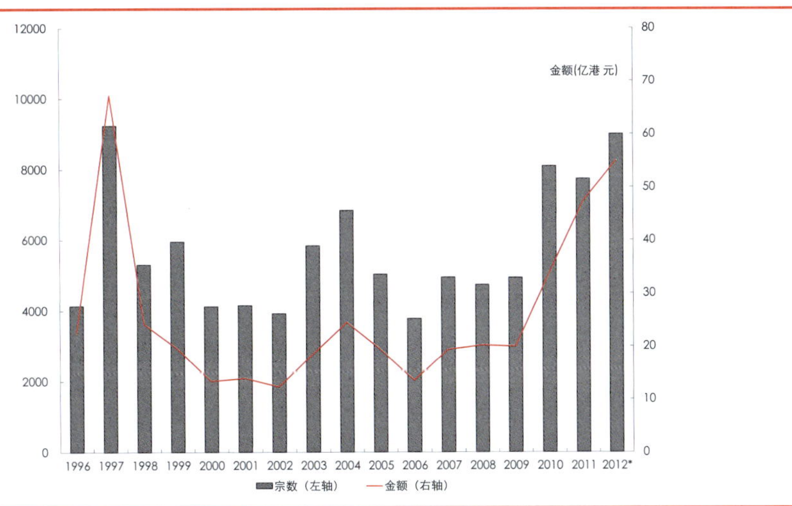


注：* 预测数字，数字包括一手及二手车位登记
数据来源：中原地产研究部

香港车位买卖登记较多的屋苑统计（2012 年上半年） 表 3-5

| 屋苑名称 | 宗数 | 金额（万港元） |
|---|---|---|
| 半山壹号 | 631 | 64877.0 |
| 美乐花园 | 299 | 3879.2 |
| 星堤 | 219 | 15690.0 |
| 尚城 | 205 | 7474.0 |
| Yoho Town | 92 | 4309.8 |
| 海典湾 | 87 | 3437.7 |
| 美孚新村 | 78 | 4300.4 |
| 贝沙湾 | 76 | 1307.2 |
| 爱蝶湾 | 68 | 2188.0 |

注：(1) 数字包括一手及二手车位登记；(2) 资料按登记宗数由多至少排列
数据来源：中原地产研究部

香港住宅车位买卖合约登记分区统计（2012 年上半年） 表 3-6

| 区份 | 宗数 | 金额（亿港元） |
|---|---|---|
| 香港 | 654 | 4.44 |
| 九龙 | 1401 | 12.11 |
| 新界 | 2497 | 9.44 |

注：数字包括一手及二手车位登记
数据来源：中原地产研究部

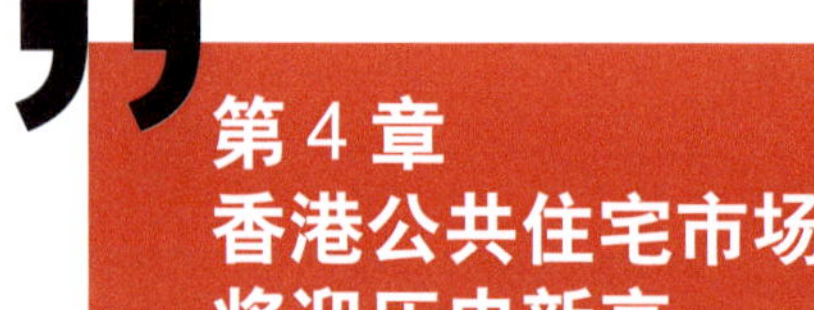

# 第 4 章 香港公共住宅市场将迎历史新高

## 4.1 2012 年二手居屋买卖总值上升约 2 成

中原地产研究部 主任 罗家宁

2012 年前 7 个月的二手居屋买卖[1]合约登记 ( 包括居屋利伯维尔场及第二市场 ) 录得 4058 宗，预测全年约有 7500 宗，将较 2011 年的 6973 宗上升约 8%。随着 2012 年整体大市向好，薪金上调、失业率下降及低息持续等利好因素，买家的置业信心增强，令居屋成为上车入市的目标，带动二手居屋市道活跃畅旺。2012 年 7 月中旬政府宣布 2013 年白表进入居屋第二市场，将刺激绿表买家加快入市，预料会推动二手居屋买卖向上。

金额方面，2012 年前 7 个月的二手居屋登记总值 95.15 亿港元，预料全年达 180.0 亿港元，将较 2011 年的 149.78 亿港元上升约 2 成。居屋登记金额的升幅较宗数的升幅为多，显示受楼价向升刺激，高价二手居屋买卖明显增加，推高整体居屋总值，估计 2012 年的二手居屋总值将为 1996 年有记录以来的第 3 个高位。

2012 年前 7 个月已经录得 81 宗 400 万港元或以上的二手居屋买卖登记，逼近 2011 年全年的 89 宗，当中有 4 宗更达 500 万港元或以上。4 月份黄大仙“富强苑富雅阁”(F 座 ) 中层 2 室单位，成交价录 539.0 万港元，创历年第 6 高。7 月份大角咀“富荣花园”5 座低层 B 室单位录 530.0 万港元，创历年第 7 高。另外，7 月份大角咀“富荣花园”9 座低层 H 室及 1 月份筲箕湾“东涛苑晓涛阁”(A 座 ) 高层 9 室，成交价同样为 500.0 万港元。

二手居屋呎价屡创新高，2012 年前 7 个月登记呎价达 8000 港元以上的居屋有 5 宗，全部均位于鲗鱼涌“康山花园”。其中，6 月份第 7 座高层 A 室，面积 521 呎，呎价录 8349 港元，创有记录以来历史新高。5 月份第 8 座高层 H 室，面积 587 呎，呎价录 8279 港元，为历年第 2 高。6 月份第 5 座中层 H 室，面积 521 呎，呎价录 8177 港元，为历年第 3 高。

2012 年前 7 个月有 3 个居屋屋苑的二手登记超过 100 宗水平。“屯门兆康苑”录得 143 宗买卖登记称冠，总值 2.54 亿港元。其次为沙田“穗禾苑”，录得 110 宗，总值 2.45 亿港元。九龙湾“丽晶花园”录 101 宗，排名第 3 位，总值 2.56 亿港元。

摩货方面，2012 年前 7 个月以确认人身份转让的二手居屋摩货买卖合约登记仅录得 1 宗，总值 198.0 万港元。政府打压炒风措施生效后，居屋摩货大减，二手居屋市场以用家为主导。



1 注：居屋买卖即居者有其屋计划 / 私人机构参建居屋计划，是房屋委员会于 1970 年代开始推出的计划，目的是为收入不足以购买私人楼宇的市民和收入较高的公屋居民，提供出租公屋以外的自置居所选择。

香港买卖登记金额较高的二手居屋登记个案（2012 年前 7 个月）

表 4-1

| 登记日期 | 地区 | 地址 | 金额（万港元） |
|---|---|---|---|
| 2012 年 4 月 | 黄大仙 | 富强苑 富雅阁 (F 座 ) 中层 2 室 | 539 |
| 2012 年 7 月 | 大角咀 | 富荣花园 5 座低层 B 室 | 530 |
| 2012 年 7 月 | 大角咀 | 富荣花园 9 座低层 H 室 | 500 |
| 2012 年 1 月 | 筲箕湾 | 东涛苑 晓涛阁 (A 座 ) 高层 9 室 | 500 |
| 2012 年 5 月 | 筲箕湾 | 东涛苑 晓涛阁 (A 座 ) 中层 6 室 | 498 |

数据源：中原地产研究部

香港买卖登记呎价较高的二手居屋登记个案（2012 年前 7 个月）

表 4-2

| 登记日期 | 地区 | 地址 | 金额（万港元） | 面积（呎） | 呎价（港元） |
|---|---|---|---|---|---|
| 2012 年 6 月 | 鱼涌 | 康山花园 7 座高层 A 室 | 435 | 521 | 8349 |
| 2012 年 5 月 | 鱼涌 | 康山花园 8 座高层 H 室 | 486 | 587 | 8279 |
| 2012 年 6 月 | 鱼涌 | 康山花园 5 座中层 H 室 | 426 | 521 | 8177 |
| 2012 年 5 月 | 鱼涌 | 康山花园 8 座高层 D 室 | 423 | 521 | 8119 |
| 2012 年 5 月 | 鱼涌 | 康山花园 2 座高层 E 室 | 418 | 521 | 8023 |

数据源：中原地产研究部

香港登记宗数较高的二手居屋屋苑统计（2012 年前 7 个月）

表 4-3

| 地区 | 屋苑名称 | 宗数 | 金额（亿港元） |
|---|---|---|---|
| 屯门 | 兆康苑 | 143 | 2.54 |
| 沙田 | 穗禾苑 | 110 | 2.45 |
| 九龙湾 | 丽晶花园 | 101 | 2.56 |
| 屯门 | 兆禧苑 | 85 | 1.30 |
| 钻石山 | 龙蟠苑 | 84 | 2.36 |
| 天水围 | 天盛苑 | 62 | 1.08 |
| 黄大仙 | 天马苑 | 56 | 1.27 |
| 天水围 | 天富苑 | 55 | 0.78 |
| 马鞍山 | 富安花园 | 53 | 1.27 |
| 马鞍山 | 锦丰苑 | 50 | 1.27 |
| 观塘 | 顺致苑 | 50 | 1.17 |

注：资料按登记宗数由高至低排列

数据源：中原地产研究部

图 4-1 香港二手居屋买卖合约登记按年统计（1996—2012 年）

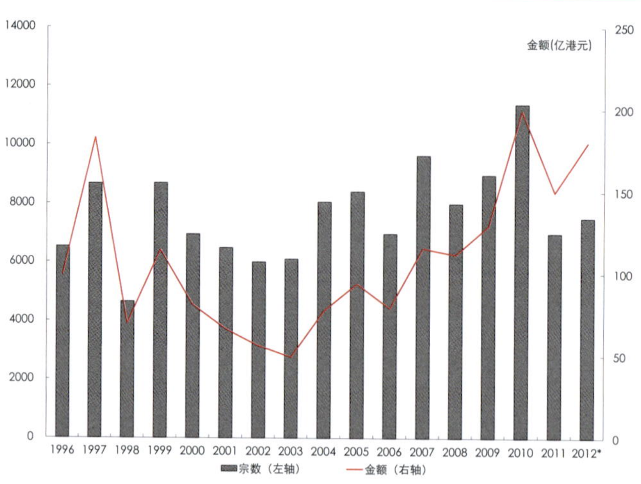


注：* 预测数字，二手居屋买卖包括居屋利伯维尔场及第二市场
数据来源：中原地产研究部



## 4.2 2012 年二手公屋买卖总值将创历史新高

中原地产研究部 主任 罗家宁

2012 年前 7 个月二手公屋买卖[1]合约登记金额录得 3.46 亿港元，估计全年将达 6.45 亿港元，将较 2011 年的 6.08 亿港元上升约 6 个百分点。因为市场越来越多高价公屋成交，刺激 2012 年的公屋登记总值创出 2000 年有记录以来的历史新高。楼价不断向升，公屋价格显著上扬，平均每宗二手公屋金额连续 7 年上升。2012 年前 7 个月平均每宗二手公屋成交价为 143.0 万港元，较 2011 年全年的 126.9 万港元上升 12.7%，创历史新高。

宗数方面，2012 年前 7 个月二手公屋买卖合约登记录得 242 宗，预期全年约有 450 宗，将较 2011 年的 479 宗下跌约 6 个百分点。公屋买卖企稳逾 400 宗高水平，显示本港基层市民的住屋需求增加，加上买楼意欲及能力提升，带动二手公屋市况维持平稳畅旺。

2012 年前 7 个月录得 206 宗 100 万港元或以上的二手公屋买卖登记，占同期整体二手公屋买卖 242 宗的 85.1%，比例较 2011 年的 71.8% 明显增加 13.3 个百分点。在 206 宗逾 100 万港元二手公屋买卖中，有 19 宗更达 200 万港元或以上，并有 4 宗公屋登记排名历年 10 大高价成交榜之内。4 月份青衣长安邨安江楼 19 楼 9 室录 285.0 万港元，创历年新高成交价。5 月份柴湾“峰华邨晓峰楼”25 楼 10 室录 260.0 万港元，创历年第 3 高。6 月份黄大仙“竹园北邨梅园楼”31 楼 10 室录 257.0 万港元，创历年第 4 高。7 月份香港仔“华贵邨华孝楼”32 楼 10 室录 248.0 万港元，创历年第 7 高。

2012 年前 7 个月在 206 宗百万元公屋登记中，录得“零”宗短期转让个案，即没有业主在一年之内将单位转售，显示用家主导公屋市场，而且受到额外印花税措施打压，公屋短线转售活动绝迹。

以买卖登记宗数计算，2012 年前 7 个月登记宗数最多的是上水天平邨录得 18 宗，总值 2752.4 万港元。黄大仙“竹园北邨”录 17 宗，位列第 2，总值 2753.4 万港元。沙田“显径邨”以 15 宗位列第 3，总值 1993.0 万港元。

1 注：公屋买卖即租者置其屋计划，是房屋委员会于 1998 年开始推出的置业计划，目的是帮助辖下的低收入的公共屋 租户，以可负担的价钱购买现居的租住单位。

到 2012 年 7 月为止，历年累积录得 1045 宗 100 万元或以上的二手公屋买卖，当中上水“天平邨”录得最多百万港元公屋登记，有 95 宗，总值 1.29 亿港元。粉岭“华明邨”录 78 宗居次，总值 1.01 亿港元。黄大仙“竹园北邨”录 69 宗，排名第 3 位，总值 1.02 亿港元。

以 3 个主要分区计算，历年逾 100 万元二手公屋成交主要集中在新界区，该区共有 559 宗登记，占整体 1045 宗 100 万港元登记的 53.5%。而九龙区有 411 宗，所占的比率为 39.3%。至于港岛区只占 75 宗，比率录 7.2%。

图 4-2 香港二手公屋买卖合约登记按年统计（2000—2012 年）

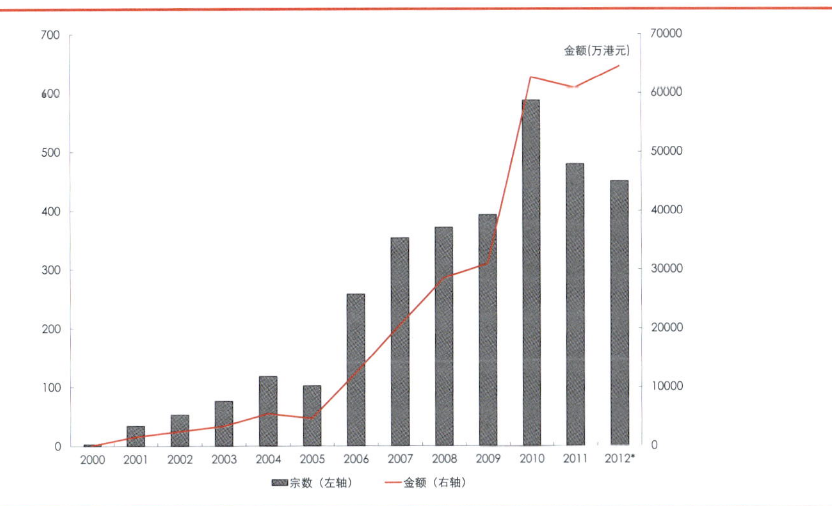


注：* 预测数字

数据来源：中原地产研究部

香港 10 大最高买卖金额的二手公屋登记个案（2011—2012 年 7 月） 表 4-4

| 登记日期 | 金额（万港元） | 地区 | 地址 |
|---|---|---|---|
| 2012 年 4 月 | 285.0 | 青衣 | 长安邨 安江楼 19 楼 9 室 |
| 2011 年 10 月 | 275.5 | 黄大仙 | 黄大仙下邨 龙泽楼 20 楼 3 室 |
| 2012 年 5 月 | 260.0 | 柴湾 | 峰华邨 晓峰楼 25 楼 10 室 |
| 2012 年 6 月 | 257.0 | 黄大仙 | 竹园北邨 梅园楼 31 楼 10 室 |
| 2011 年 7 月 | 255.0 | 青衣 | 长安邨 安润楼 21 楼 2 室 |
| 2011 年 5 月 | 250.0 | 深水 | 李郑屋邨 廉洁楼 21 楼 12 室 |
| 2011 年 5 月 | 250.0 | 青衣 | 长安邨 安湄楼 27 楼 16 室 |
| 2012 年 7 月 | 248.0 | 香港仔 | 华贵邨 华孝楼 32 楼 10 室 |
| 2011 年 4 月 | 247.0 | 深水 | 李郑屋邨 礼让楼 18 楼 2 室 |
| 2011 年 7 月 | 245.0 | 将军澳 | 景林邨 景桃楼 29 楼 14 室 |

数据来源：中原地产研究部

香港买卖登记宗数较多的公屋屋邨统计（2012 年前 7 个月） 表 4-5

| 地区 | 屋苑名称 | 宗数 | 金额（万港元） |
|---|---|---|---|
| 上水 | 天平 | 18 | 2752.4 |
| 黄大仙 | 竹园北 | 17 | 2753.4 |
| 沙田 | 显径 | 15 | 1993.0 |
| 粉岭 | 华明 | 14 | 1944.7 |
| 香港仔 | 华贵 | 13 | 1981.4 |

数据来源：中原地产研究部

香港历年 100 万港元或以上成交较多的二手公屋屋邨统计 表 4-6

| 地区 | 屋苑名称 | 宗数 | 总值（万港元） |
|---|---|---|---|
| 上水 | 天平 | 95 | 12884.1 |
| 粉岭 | 华明 | 78 | 10149.4 |
| 黄大仙 | 竹园北 | 69 | 10169.0 |
| 黄大仙 | 凤德 | 53 | 7393.9 |
| 蓝田 | 德田 | 50 | 6991.8 |

数据来源：中原地产研究部



## 4.3 2012 年二手夹屋售价破 600 万港元创历史新高

中原地产研究部 主任 罗家宁

2012 年前 7 个月有 9 宗价值 500 万港元或以上的二手夹屋买卖[1]登记，比 2011 年全年的 6 宗高出 50.0%。2012 年 6 月份更首度出现超过 600 万港元的夹屋登记，显示夹屋的楼价已经与市区二手私人屋苑看齐。2012 年买卖登记金额最高的个案为 6 月份何文田欣图轩第 4 座中层 G 室单位，成交价达 625.0 万港元，破 2011 年 5 月份何文田欣图轩第 1 座高层 D 室单位的 565.0 万港元记录，创 1999 年有记录以来历年新高价。2012 年次高是 7 月份青衣宏福花园第 3 座高层 A 室单位，成交价录 558.0 万港元，并创历年第 3 高。

二手夹屋呎价亦屡创新高，2012 年夹屋呎价已经升破 7000 港元，创历史新高水平。在历年 10 大最高登记呎价榜内，2012 年占去 9 宗，2011 年仅有 1 宗，可见夹屋呎价越来越高。呎价最高的是 2012 年 7 月份鸭脷洲悦海华庭第 1 座中层 G 室单位，面积 559 呎，呎价达 7335 港元，创出历年新高。2012 年 6 月份鸭脷洲悦海华庭第 3 座高层 F 室单位，面积 703 呎，呎价录 7112 港元，为历年次高。

2012 年前 7 个月的二手夹屋买卖合约登记录得 125 宗，预期全年达 250 宗，将较 2011 年的 233 宗上升约七个百分点。二手夹屋交投回升，显示受惠于楼市气氛旺盛，加上低息因素刺激，用家积极置业上车，带动夹屋市道畅旺。金额方面，2012 年前 7 个月的二手夹屋登记总值 4.67 亿港元，预计全年约达 9.50 亿港元，将较 2011 年的 8.01 亿港元上升约 1.9 成，为 14 年历史新高。

2012 年前 7 个月鸭脷洲悦海华庭录得 21 宗二手买卖登记称冠，总值 8407.9 万港元。其次是葵涌浩景台，有 20 宗登记，总值 7034.4 万港元。将军澳旭辉台录 16 宗登记，排名第 3 位，总值 5367.8 万港元。

1 注：夹屋买卖即夹心阶层住屋计划，是房屋协会于 1990 年代初兴建出售单位，并以优惠价格发售予不足以购买私人楼宇，又不合资格申请居屋及公屋的中等入息市民。

香港历年 10 大最高买卖金额的二手夹屋登记个案 表 4-7

| 登记日期 | 地区 | 地址 | 金额（万港元） |
|---|---|---|---|
| 2012 年 6 月 | 何文田 | 欣图轩 第 4 座 中层 G 室 | 625.0 |
| 2011 年 5 月 | 何文田 | 欣图轩 第 1 座 高层 D 室 | 565.0 |
| 2012 年 7 月 | 青衣 | 宏福花园 第 3 座 高层 A 室 | 558.0 |
| 2010 年 12 月 | 何文田 | 欣图轩 第 2 座 中层 D 室 | 530.0 |
| 2011 年 5 月 | 钻石山 | 悦庭轩 第 1 座 高层 D 室 | 525.0 |
| 2011 年 6 月 | 沙田 | 晴碧花园 第 2 座 中层 B 室 | 520.0 |
| 2012 年 6 月 | 鸭脷洲 | 悦海华庭 第 2 座 低层 H 室 | 513.8 |
| 2012 年 3 月 | 鸭脷洲 | 悦海华庭 第 2 座 高层 H 室 | 512.0 |
| 2012 年 3 月 | 沙田 | 晴碧花园 第 2 座 低层 B 室 | 511.0 |
| 2011 年 10 月 | 青衣 | 宏福花园 第 3 座 高层 D 室 | 510.0 |

注：资料截止至 2012 年 7 月份登记
数据来源：中原地产研究部

香港历年 10 大买卖登记呎价较高的二手夹屋登记个案 表 4-8

| 登记日期 | 区份 | 地址 | 金额（万港元） | 面积（呎） | 呎价（港元） |
|---|---|---|---|---|---|
| 2012 年 7 月 | 鸭脷洲 | 悦海华庭 第 1 座 中层 G 室 | 410.0 | 559 | 7335 |
| 2012 年 6 月 | 鸭脷洲 | 悦海华庭 第 3 座 高层 F 室 | 500.0 | 703 | 7112 |
| 2011 年 5 月 | 钻石山 | 悦庭轩 第 1 座 高层 D 室 | 525.0 | 751 | 6991 |
| 2012 年 7 月 | 钻石山 | 悦庭轩 第 2 座 高层 G 室 | 400.8 | 574 | 6983 |
| 2012 年 6 月 | 何文田 | 欣图轩 第 4 座 中层 G 室 | 625.0 | 902 | 6929 |
| 2012 年 7 月 | 何文田 | 欣图轩 第 4 座 低层 A 室 | 408.0 | 591 | 6904 |
| 2012 年 7 月 | 青衣 | 宏福花园 第 3 座 高层 A 室 | 558.0 | 820 | 6805 |
| 2012 年 5 月 | 鸭脷洲 | 悦海华庭 第 1 座 高层 E 室 | 380.0 | 561 | 6774 |
| 2012 年 5 月 | 何文田 | 欣图轩 第 4 座 低层 A 室 | 400.0 | 591 | 6768 |
| 2012 年 5 月 | 青衣 | 宏福花园 第 2 座 高层 F 室 | 422.0 | 635 | 6646 |

注：资料截止至 2012 年 7 月份登记
数据来源：中原地产研究部

香港二手夹屋屋苑的买卖登记宗数统计（2012 年前 7 个月） 表 4-9

| 区份 | 屋苑名称 | 宗数 | 金额（万港元） |
|---|---|---|---|
| 鸭脷洲 | 悦海华庭 | 21 | 8407.9 |
| 葵涌 | 浩景台 | 20 | 7034.4 |
| 将军澳 | 旭辉台 | 16 | 5367.8 |
| 何文田 | 欣图轩 | 13 | 5443.0 |
| 青衣 | 宏福花园 | 12 | 5169.4 |
| 将军澳 | 迭翠轩 | 11 | 3932.0 |
| 沙田 | 晴碧花园 | 10 | 3968.0 |
| 钻石山 | 悦庭轩 | 10 | 3629.8 |
| 马鞍山 | 雅景台 | 6 | 2040.0 |
| 葵涌 | 芊红居 | 6 | 1709.4 |
| 总计 | | 125 | 46701.7 |

数据来源：中原地产研究部

图 4-3 香港二手夹屋买卖合约登记按年统计（1999—2012 年）

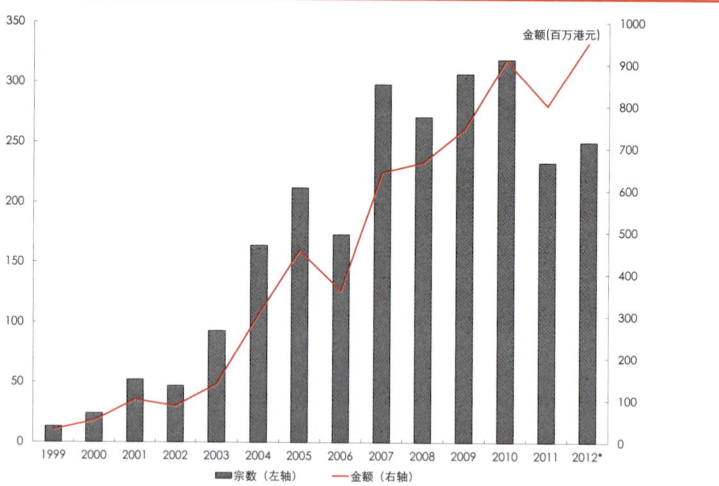


注：* 预测数字
数据源：中原地产研究部

# 第 5 章
# 2012 年 香港工商铺登记将创历史新高

中原地产研究部 主任 湛善文

2012 年上半年工商铺买卖登记总值 795.56 亿港元，预料 2012 全年将录得 2,000 亿港元，将创 1995 年有纪录 17 年以来新高，打破 2011 年的 1,388.24 亿港元旧纪录，将较 2011 年的高出 44.1%。宗数方面，2012 年上半年工商铺买卖登记录得 7701 宗，预料 2012 年全年将录得 16000 宗，将创 1995 年有纪录 17 年以来新高，打破 2010 年的 15852 宗旧纪录，较 2011 年的 14,314 宗上升 11.8%。

图 5-1 香港工商铺买卖登记按年统计（2005—2012 年）

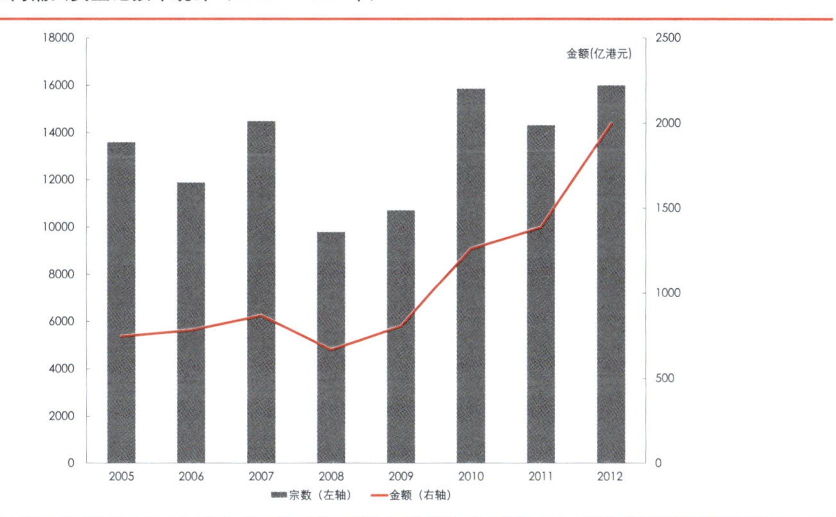


注：2012 年为预测数字
数据来源：中原地产研究部

## 5.1 2012 年全年写字楼买卖登记将创历史新高

中原地产研究部 主任 湛善文

2012 年上半年写字楼买卖登记总值 248.81 亿港元，预料 2012 年全年将录得 650 亿港元，将创 1996 年纪录 17 年以来新高，打破 2011 年的 609.22 亿港元旧纪录，较 2011 年高出 6.7%。宗数方面，预料 2012 年上半年写字楼买卖登记录得 1,313 宗，预料 2012 年全年将录得 2,500 宗，较 2011 年的 3,076 宗下降 18.7%。

按半年度统计2012年上半年写字楼买卖合约登记金额录得248.81亿港元，较2011年下半年的156.68亿港元大幅上升58.8%。宗数方面，2012上半年写字楼买卖合约登记录得1,313宗，较2011年下半年的1,102宗上升19.1%。数字反映今年上半年间写字楼成交相当畅旺，资金涌入写字楼市场，投资气氛炽热。

2012年上半年较高金额的写字楼登记包括中环干诺道中50号全幢（价值48.80亿港元）及沙田汇达大厦全幢（价值12.79亿港元）。单单是这两宗大额登记，总值已达61.59亿港元，占今年上半年录得金额的24.8%。

5000万港元以上大额类型在今年上半年录得的金额升幅为各金额类型之冠。5000万元以上类型在2012年上半年录得156.88亿港元及63宗，较2011年下半年的85.27亿港元及74宗分别明显高出84.0%及低14.9%。其次是2000万元至5000万元类型，在2012年上半年录得33.67亿港元及108宗，较2011年下半年显著高出68.1%及68.8%。

1000万港元至2000万港元类型在2012年上半年录得23.78亿港元及169宗，较2011年下半年高出12.7%及12.7%。500万元至1000万元类型在2012年上半年录得16.74亿港元及239宗，较2011年下半年分别高出1.6%及低0.4%。500万元以下类型在2012年上半年录得17.74亿港元及734宗，较2011年下半年高出28.4%及27.9%。

分区统计，港岛区及新界区在2012年上半年录得的金额及宗数均高于2011年下半年。港岛区2012年上半年录得145.30亿港元及517宗，较2011年下半年的66.15亿港元及363宗高出1.20倍及42.4%。新界区在2012年上半年录得34.85亿港元及98宗，较2011年下半年的2.90亿港元及72宗高出11.02倍及36.1%。而九龙区在2012年上半年录得68.56亿港元及698宗，较2011年下半年的87.62亿港元及667宗分别低21.8%及高出4.6%。

图5-2 香港写字楼买卖登记按年统计（2005—2012年）

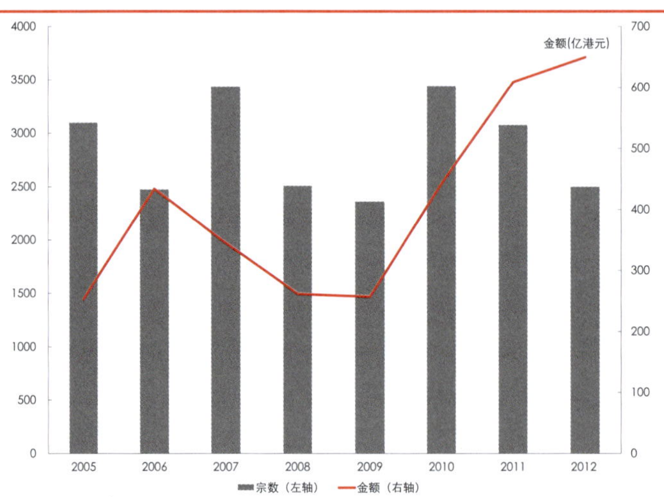


注：2012年为预测数字

数据来源：中原地产研究部

## 5.2 2012 年全年商铺登记将创历史新高

中原地产研究部 主任 湛善文

2012 年上半年商铺买卖登记总值 367.05 亿港元，预料 2012 年全年将录得 900 亿港元，将创 1996 年有纪录 17 年以来新高，打破 1997 年的 656.28 亿港元旧纪录，较 2011 年的 477.97 亿港元高出 88.3%。宗数方面，2012 年上半年商铺买卖登记录得 2,703 宗，预料 2012 年将录得 6000 宗，亦将创 1996 年有纪录 17 年以来新高，打破 1997 年的 5580 宗旧纪录，将较 2011 年的 4,382 宗上升 36.9%。

按半年度统计，2012 年上半年商铺买卖合约登记金额录得 367.05 亿港元，创 1995 年下半年有纪录 17 年以来新高，较 2011 年下半年的 166.65 亿港元大幅上升 1.20 倍。宗数方面，2012 年上半年商铺买卖合约登记录得 2703 宗，较 2011 年下半年的 1532 宗大幅上升 76.4%。登记数字反映 2012 年上半年间的商铺市况相当畅旺，投资气氛炽热。

2012 年上半年较高金额的商铺登记个案包括：尖沙咀帝国大厦地下一铺位（价值 7.00 亿港元），北角和富中心商场（价值 6.50 亿港元）及尖沙咀星光行部份地库铺位及地下铺位等（价值 6.45 亿港元）。

按金额类型统计，2012 年上半年各个金额类型录得的商铺登记金额及宗数均高于 2011 年下半年，当中 2000 万元以上的 2 个大额类型录得的金额及宗数均较 2011 年下半年高出逾 1 倍。5000 万元以上类型在 2012 年上半年录得 149.54 亿港元及 118 宗，较 2011 年下半年的 50.63 亿港元及 50 宗上升 1.95 倍及 1.36 倍。2000 万元至 5000 万元类型在 2012 年上半年录得 97.45 亿港元及 326 宗，较 2011 年下半年的 42.86 亿港元及 145 宗上升 1.27 倍及 1.25 倍。

1000 万港元至 2000 万港元类型在 2012 年上半年录得 59.98 亿港元及 404 宗，按半年上升 68.5% 及 66.3%。500 万港元至 1000 万港元类型在 2012 年上半年录得 30.10 亿港元及 409 宗，按半年上升 35.5% 及 32.4%。500 万港元以下类型在 2012 年上半年录得 29.99 亿港元及 1,446 宗，按半年上升 95.5% 及 84.2%。

分区统计，九龙区是 2012 上半年录得最高商铺登记金额的区域，录得 197.19 亿港元及 1133 宗，较 2011 年下半年的 73.47 亿港元及 618 宗上升 1.68 倍及 83.3%。其次是港岛区，在 2012 年上半年录得 116.87 亿港元及 571 宗，较 2011 年下半年的 63.63 亿港元及 411 宗上升 83.7% 及 38.9%。而新界区在 2012 年上半年录得 53.00 亿港元及 999 宗，较 2011 年下半年的 29.55 亿港元 503 宗上升 79.4% 及 98.6%。

图 5-3 香港商铺买卖登记按年统计（2005—2012 年）

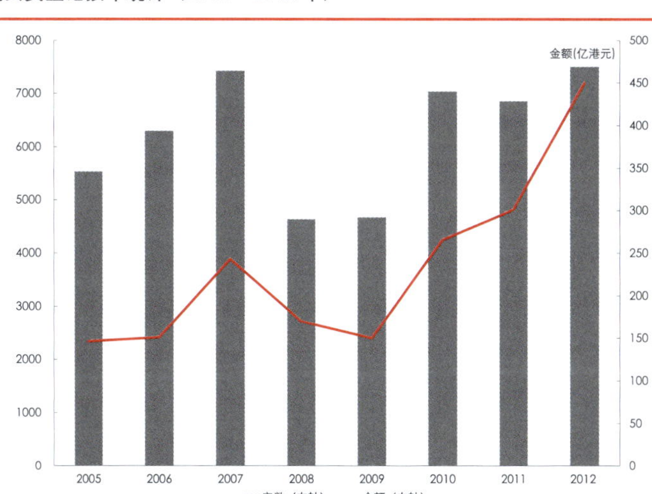


注：2012 年为预测数字

数据来源：中原地产研究部

## 5.3 2012年工业楼宇买卖登记将均创历史新高

中原地产研究部 主任 湛善文

2012年上半年工业楼宇买卖登记总值179.70亿港元，预料2012年全年将录得450亿港元，将创1996年有纪录17年以来新高，打破2011年的301.05亿港元旧纪录，较2011年高出49.5%。宗数方面，2012年上半年工业楼宇买卖登记录得3685宗，预料2012年全年将录得7500宗，亦将创1996年有纪录17年以来新高，打破2007年7427宗的旧纪录，较2011年的6856宗上升9.4%。

按半年度统计，2012年上半年工业楼宇买卖合约登记金额录得179.70亿港元，创1995年下半年有纪录17年以来半年度新高，打破2011年上半年的178.63亿港元旧纪录。2012年上半年录得的金额，较2011年下半年的122.42亿港元大幅上升46.8%。宗数方面，2012上半年工业楼宇买卖合约登记录得3685宗，较2011年下半年的2439宗显著上升51.1%。数字反映今年上半年间大量资金涌入工厦市场，成交涌现，投资热氛炽热，市况相当畅旺。

2012年上半年较高金额的工业楼宇登记个案包括：葵涌青山公路443至451号红A中心全幢（价值5.28亿港元）、葵涌建康街18号恒亚中心一篮子单位的登记（价值2.50亿港元）及葵涌和宜合道119号橙色空间全幢的登记（价值2.10亿港元）。

按金额类型统计，各个金额类型在2012年上半年录得的登记金额及宗数均高于去年下半年。当中以200万港元至500万港元类型的升幅最为显著，在2012年上半年录得56.13亿港元及1,747宗，较2011年下半年的30.87亿港元及980宗显著高出81.8%及78.3%。

5000万港元以上类型方面，2012年上半年录得28.77亿港元及27宗，较2011年下半年的19.59亿港元及22宗高出46.9%及22.7%。2000港元至5000万港元类型在2012年上半年录得24.58亿港元及81宗，较2011年下半年上升14.7%及20.9%。1000港元至2000万港元类型在2012年上半年录得22.33亿港元及160宗，较2011年下半年上升53.7%及52.4%。500万港元至1000万港元类型在2012年上半年录得29.72亿港元及429宗，较2011年下半年上升31.0%及34.1%。而200万港元以下细额类型在2012年上半年录得18.16亿港元及1241宗，较2011年下半年上升36.2%及31.3%。

分区统计，2012年上半年各主要分区录得的登记金额及宗数均高于2011年下半年。新界区在2012年上半年录得89.01亿港元及2302宗，较2011年下半年的62.70亿港元及1478宗上升42.0%及55.8%。九龙区在2012年上半年录得74.70亿港元及1155宗，较2011年下半年的45.19亿港元及806宗上升65.3%及43.3%。港岛区在2012年上半年录得15.99亿港元及228宗，较2011年下半年的14.53亿港元及155宗上升10.0%及47.1%。

图 5-4 香港工业楼宇买卖登记按年统计（2005—2012 年）

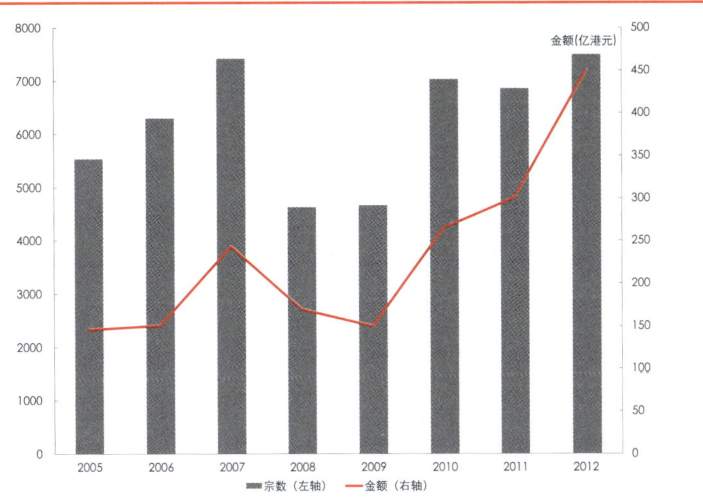


注：2012 年为预测数字
数据来源：中原地产研究部

## 5.4 大额及全幢工商铺买卖将创历年之冠

中原（工商铺）营运总监 潘志明

2012 年上半年投资气氛炽热，本地投资者与内地财团短兵相接，埋首全幢及大额项目中，令大手买卖交投的表现更见活跃。中原（工商铺）营运总监潘志明预期，随着更多发展商、业主及财团积极放售旗下的物业，预料今年度的大手及全幢项目的买卖交投会创历年之冠。

欧债危机持续影响全球经济发展，国内资金把握机遇寻求资金出路，加上个别财团为提升企业形象，为迈向国际化的业务发展展开新一页，因而入市态度更见积极，如中国 4 大国有商业银行之一的中国农业银行，亦出手向乐声电子等购入中环干诺道中 50 号全幢作集团总部之用，作价约 48.8 亿港元，按楼面面积约 17 万平方呎计算，折合平均呎价达 2.8 万港元，冠绝本港商厦的呎价新高。

另一所 4 大国有商业银行——中国建设银行则放眼东九龙区，向信和置业购入九龙湾全新商厦一东汇 18 全幢，作价约 25.1 亿港元，折合呎价约 7200 港元，成为市场另一瞩目的买卖成交。

此外，本地投资者向来对本港工商铺市况了解较深，面对不断变更的信息，掌握度较高，故今年度亦发力入市工商铺大额物业市场。其中最令市场关注的莫过于由 2 位本港资深投资者向英皇集团联袂购入的荃湾英皇娱乐广场全幢，成交价约 14.5 亿港元，由于该物业全幢楼面均为零售楼层，属铺契，故成为今年度最大宗的铺位成交个案 其后买家更把物业分拆出售，随即获本地财团—大鸿辉集团以摸货形式购入地库、一至三层楼，成交价约 6.06 亿港元。

同时，今年核心区铺位亦先后录得大楼面买卖成交个案，如铜锣湾波斯富街 108 至 120 号宝荣大楼地下、一至二层楼，面积逾 2 万平方呎，获投资者以约 11.42 亿港元购入，而另一宗则位于旺角山东街 47 至 51 号星际城市一、二及三楼部份号铺，面积约 27366 平方呎，成交价约 9 亿港元。

零售消费核心区仍成为投资者寻宝的胜地，个别大额成交还包括尖沙咀梳士巴利道 3 号星光行地下 05B 号铺连部份地库，面积约 17818 平方呎，成交价约 6.45 亿港元；深水埗钦州街 94 号地下、一层全层及地库，面积约 28774 平方呎，作价约 4.8 亿港元，以及旺角西洋菜南街 58 至 60 号地下 1 号铺连阁楼及 1 楼，成交价约 4.05 亿港元。

至于工厦市场方面，受惠于政府政策倾斜，不少投资者看好工厦市场的发展潜力。今年度的全幢工厦的买卖个案亦见增多，观塘中艺大厦全幢，由鲜有入市工厦市场的志丰实业以约 8.01 亿港元成交，呎价约 5334 港元。第 2 位则为黄竹坑载思中心，成交价约 6.15 亿港元，呎价约 6319 港元，而第 3 位则葵涌红 A 中心全幢，面积约 306911 平方呎，由活跃于工厦市场的"铺王"邓成波购入，作价约 5.28 亿港元，折合呎价约 1720 港元。

潘志明指出，今年工商铺大手买卖表现平分春色，反映四面八方的资金正争相寻找出路，预料今年底前工商铺市场将会继续百花齐放，大手及全幢物业易手个案将会增多。

## 5.5 工厦市场利好不断 投资活跃

中原（工商铺）工商部 董事 郭楚华

利好工厦的消息接踵而来，自政府推出活化措施后，工厦市场的买卖活动频繁，个别投资者早已看准工厦的重建潜力，不惜以进取价竞投全幢作重建作中价酒店的安排；加上近期政府为提供足够的土地供应而提出多项工厦发展可行建议，令全幢工厦成为市场焦点。中原（工商铺）工商部预期，下半年大额买卖成交会有增多趋势，带动整体注册金额大幅上扬，加上拆售潮蔓延至工厦市场，势将带动投资气氛，预料下半年工厦整体售价会有 10% 升幅。

2012 年上半年工厦买卖登记金额录得 179.70 亿港元，创自 1995 年下半年有纪录以来的半年度新高，打破自 2011 年上半年的 178.63 亿港元旧记录，而与 2011 年下半年的 122.42 亿港元相比则显著上升 46.8%。宗数方面，2012 年上半年工厦物业买卖合约登记录得 3685 宗，较 2011 年下半年的 2439 宗显著上升 51.1%。

2012 年上半年投资气氛笼罩工厦市场，大额买卖成交更见畅旺，5000 万元或以上的工厦成交个案亦维持在高水平，共录得 27 宗，分别较去年同期及下半年为高，而涉及金额方面则达 28.77 亿港元，较去年下半年的 19.59 亿港元高出近 50%；至于整体工厦买卖注册登记方面，6 月份的工厦物业买卖合约登记总值录得 35.17 亿港元，连续 4 个月按月金额高于 30 亿港元，因而令上半年度工厦物业买卖合约登记金额录得显著增长。

全幢物业的需求更见有增无减，投资者入市态度转趋积极，今年上半年共录得 14 宗全幢工厦成交个案，涉及金额约 32 亿港元，涉及的宗数及金额均较去年下半年为高，当中金额最大宗的位于观塘中艺大厦全幢，由鲜有入市工厦市场的志丰实业以约 8.01 亿港元成交，呎价约 5334 港元。第 2 位则为黄竹坑载思中心，成交价约 6.15 亿港元，呎价约 6319 港元，而第 3 位则葵涌红 A 中心全幢，面积约 306911 平方呎，由活跃于工厦市场的"铺王"邓成波购入，作价约 5.28 亿港元，折合呎价约 1720 港元。

此外，郭楚华指出，市场拆售潮兴起，继铺位及商厦市场后，工厦市场亦出现大楼面拆售个案，足以显示工厦投资气氛愈见炽热，不论是地厂或是分层工厦楼面，且吸纳情况亦见炽热。如近期受惠零售概念的新蒲岗区，由于区内潮流商场启业，加上新落成的酒店即将投入服务，因而吸引投资者对区内工厦地厂的关注，近期更斥资约 7880 万港元购入新蒲岗六合街 8 号六合工业大厦地下，该项目建筑面积约 11788 平方呎，折合呎价约6685港元，新买家更随即计划把地厂拆售成多个单位出售，现时已迅即获多名用家洽购。

葵荃区工厦市场跟随大市上扬，走势将会持续，而今年度区内先后有多个新盘推出，刺激买家入市意欲，个别更吸引外区住宅及铺位投资者入市，带动区内周边的工厦买卖交投。举例而言，由会德丰地产发展的荃湾 ONE MIDTOWN 项目，自公开发售以来，销情持续畅旺，吸引一众投资者捧场，即时令投资气氛升温，更令荃湾区的工厦呎价上扬，更带动区内工厦连录多宗大额成交，个别工厦呎价更创出新高，例如荃湾有线电视大楼高层 12 室，楼面约占 3160 平方方呎，以近 1074 万港元沽出，折合每呎 3398 港元，创该厦历史新高水平。另一个新盘—青山公路 403 号亦带动葵涌区工厦的买卖价量齐升，如葵涌福业大厦于 2012 年 5 月录得新高呎价成交个案，该高层 01 室，面积约 1110 平方呎，成交呎价达 3243 港元，创该厦新高。

郭楚华续称，工厦市场集多项利好因素于一身，活化政策的推行配合持续低息环境，资金持续涌入，预料今年全年整体工厦的买卖成交宗数会有约 7300 宗水平，当中全幢物业料会录得 30 宗；而下半年整体租售价则会有 10% 的升幅，其中东九龙区因受到多个商厦推售的带动，预料工厦的售价将会看高一线，售价升幅会有 15%~20% 的增长，而西九龙区则会平稳发展。

## 5.6 九龙东甲级商厦将会跑赢大市

中原（工商铺）写字楼部 董事 郑继标

商厦市场受制于全球经济阴霾的影响，金融业前景未明，影响顶级商厦的租务表现；唯随着投资气氛持续炽热，不少投资者把眼光转投到落后大市的投资项目上，其中商厦物业再度成为市场焦点。中原（工商铺）写字楼部预期，政治局势愈见明朗令营商环境更见稳定，加上甲级商厦追落后概念强劲，配合九龙东效应及企业扩展业务部署等，预料九龙东甲级商厦将会跑赢大市，呎价可望会有 10%~20% 的升幅。

中原（工商铺）写字楼部董事郑继标表示，中原数据显示，2012 年上半年录得 1313 宗买卖注册登记，较 2011 年下半年的 1102 宗上升近 20%，涉及的买卖合约登记金额录得约 248.81 亿港元，较 2011 年下半年高出近 6 成。数字反映今年上半年商厦买卖表现已逐渐收复失地，买卖交投仍见活跃，投资者入市商厦意欲增多。

同时，商厦市场放售盘源递减，今年上半年摸货表现回落，今年上半年商厦摸货买卖宗数录得 79 宗水平，与去年下半年相比，回落约 16%；而涉及的登记金额则约 11.55 亿港元，较去年下半年的约 12.93 亿港元下跌约 11%，最大宗的摸货买卖成交则为湾仔海港中心中层一篮子物业，涉及金额约 2.14 亿港元。

此外，大部份企业即使为控制成本，但选址仍留在中环核心甲厦群，数据显示，一间原租用本港顶级商厦的对冲基金公司，新租用中环 LHT BUILDING 高层全层，涉及楼面面积约 5573 平方呎，呎租约 88 港元。个别中小企亦主攻中区商务中心，因而令商务中心承租中区甲级商厦个案上升，如中环华人行刚获商务中心承租两层全层楼面，面积约 18693 平方呎，呎租约 68 港元。

中区甲级商厦租务交投不俗，令乙级商厦的买卖价飙升，拥海景的楼面较受欢迎。如湾仔新银集团中心高层全层，面积约 7388 平方呎，成交价约 1.09 亿港元，折合呎价约 14800 港元；另一宗则位于上环亿利商业大厦高层单位，面积约 3541 平方呎，以约 3530 万港元沽出，呎价达 9969 港元。

郑氏指出，香港区商厦供应亦见紧绌，空置率持续低企，因而带动个别优质商厦表现理想，租售价亦录得不俗发展，今年上半年商厦的拆售气氛持续，入伙不久的 ONE ISLAND SOUTH 多层楼面成功拆售，其中最早拆售的 6 楼全层，累积售出逾 8 成的楼面；而其余楼层的拆售反应亦见理想；而湾仔海港中心 11 楼全层亦分拆成 10 个单位，售出约 82%，成交呎价更近 2.3 万港元，创该厦新高纪录。

此外，东九龙甲级东九龙甲厦吸纳量高，推动租金节节向上，因而令个别投资者转投向呎价仍见低水的九龙传统甲级商厦，其中尖沙咀个别指标商厦成为追捧对象，如康宏广场、星光行等，其中康宏广场2012年上半年录得10宗水平，平均呎价约1.1万港元，最高呎价逾1.2万港元，较该厦新高呎价1.62万港元仍有25%的差距。

郑氏续称，香港物业市场仍成为资金避难所，不论是大型屋苑，豪宅或是商铺及工厦物业，楼价升势显著，反之2012年度商厦物业的整体造价仍落后大市，升幅相对偏低。郑氏指出，资金积极寻找出路，趁低吸纳落后大市的投资项目，预料届时商厦市场观望气氛会逐渐减退，整体商厦买卖气氛将会转活，商厦市场"追落后"概念强劲，加上按投资回报合理，买卖价格会录得5%~10%的增长，而租金则会下调约10%，而东九龙则会继续成为用家及投资者入市对象，预料呎价攀升幅度将会跑赢大市。

## 5.7 铺市租金走势看俏

中原（工商铺）商铺部 董事 黄伟基

铺市延续年初的旺势，国际及内地零售品牌来港增设据点的趋势持续，加上市场利好因素配合下，铺位的受捧程度有增无减，更带动整体投资气氛上扬。中原（工商铺）商铺部预期，随着铺位投资市场"僧多粥少"情况持续，投资者会"高追"核心区铺位，带动买卖价平稳发展；至于租金表现则受惠于零售品牌持续来港发展，预料会有15%~20%的升幅。

中原（工商铺）商铺部董事黄伟基表示，根据中原地产研究部数据显示，2012年上半年共录得2703宗商铺买卖注册，登记金额约367.05亿港元，金额较2011年下半年的166.65亿港元大幅上升1.2倍，创1995年下半年有纪录以来17年新高；而买卖宗数则自2002年以来持续上扬，2012年上半年成交宗数则较去年下半年的1532宗上升约76%，反映铺位入市气氛仍见畅旺。

至于反映投资者入市积极度的摸货统计，今年上半年度录得335宗摩货注册成交，较2011年下半年的123宗大幅上升1.72倍，创2005年上半年后的半年度计之新高，而涉及的成交金额更达27.5亿港元，较2011年下半年录得的15.76亿港元高出约75%，创1997年下半年后的14年半以来半年计新高；而摸货比率更由2010年上半年的5%水平，急升至今年上半年的约12.5%，反映今年上半年度铺位摸货价量齐升，交投相当活跃，投资气氛更为炽热。

此外，国际大型品牌积极进驻本港，2012年度大手租务成交主要集中在第一季，核心零售消费区的铺位仍成为焦点，尖沙咀、中环、铜锣湾的旺铺成为国际品牌抢攻对象，因而令个别呎租价突破3000港元水平，如尖沙咀广东道86至98号地下1及2号铺，面积约2000平方呎，月租约700万港元，呎租价约3500港元。同时，由于希慎广场落实于8月初开业，铜锣湾区铺市倍添热闹，本地及国际品牌争夺战一触即发，因而令呎租价节节上扬。铜锣湾利园山道23至25号地下，面积约750平方呎，每月租金约230万港元，呎租价约3067港元；而个别大额品牌则对全幢物业趋之若鹜，有化妆品品牌为抢占市场占有率，不惜以每月450万港元租用铜锣湾启超道6至8号全幢。

中环、旺角区铺市放租盘源续减，但市场仍录得个别大额租务成交，如中环皇后大道中36号兴伟中心地下及一至三层楼，面积约1860平方呎，每月租金约560万港元，呎租逾3000港元水平；而邻近皇后大道中的雪厂街2号地下1及2号铺及低层地下，亦以每月约500万港元承租，旺角砵兰街240至244号地下G02至05、07至11号铺，面积约4000平方呎，以每月250万港元承租，折合呎租约625港元。

对于铺市展望，黄氏预期，本港旅游业持续畅旺，带动旅客人数持续增长，令核心区铺位宣传推广的价值渐次提高，因而吸引更多大型零售品牌进驻。铺位的租务需求强劲，租金调升空间强劲，在实质的支持下，本港整体的租金走势将会看俏，而买家入市铺位更趋积极，在铺位供应僧多粥少的情况下，铺位价格亦会平稳发展，租金则会有15%~20%的增幅；但由于业主惜货意欲强劲，预料买卖交投将会较去年为低。

# 第 6 章
# 澳门住宅市场分析

中原（澳门）澳门区 区域营业董事　张丽华

2012 年上半年楼市先跌后升，一月份市场交投淡静，在传统淡季、外围气氛、经屋发售等 3 大因素的夹击之下，一月份的成交量大幅下跌至近 3 年的同期新低，据澳门统计暨普查局数据显示，1 月份住宅成交量只有 552 宗，是自 2009 年金融海啸之后的新低，而楼价也下跌 5%~10%。2 月份农历新年后，买家开始积极睇楼部署入市，加上经屋发售尘埃落定，令部份买家重投私楼市场，带动成交量轻微回升至 560 宗。3 月份开始有一手新盘开售，为楼市带来小阳春，成交量达 1232 宗，楼价也受带动开始回升。总结第 1 季住宅成交量为 2344 宗，涉及金额 83.09 亿澳门元。

踏入第 2 季，4 月份由于新盘销情理想，销量及价格为市场带来明确的信息，加上楼市传统旺季气氛影响，使 4 月份市况明显回稳，成交量大幅上升至 1824，涉及金额 82.49 亿澳门元。5 月份成交略为放缓，由于一手新盘销售至尾声，二手盘源也逐渐减少，估计 5 月份实际成交量只有 4 月份的 2/3，然而，由于部份 4 月份的成交数字于 5 月份才反映出来，因此令 5 月份成交宗数达 2010 宗，而正因为盘源供不应求，业主叫价能力大增，4、5 月份 2 个月内楼价累积上升约 15%，追回 1 月份跌幅。6 月份楼价升幅更加明显，SSD 实施 1 年以来，二手盘源持续减少，而即将实施的一手楼花规管政策，相信会令未来一手楼花供应减少，未来市场相信会出现供应断层。然而需求量却有增无减，本地人口增长，加上居民收入持续上升，增加了换楼改善生活质素的需求。另外，外地雇员数量升至 10 万，也令住屋需求大大增加，盘源供不应求的情况加剧，6 月份成交量进一步回落，只有 1721 宗，市场预料供求失衡情况将越来越严重，6 月份楼价开始出现”干升”现象。总结第 2 季住宅成交量有 5555 宗，涉及金额 233.9 亿澳门元。上半年住宅成交量共有 7899 宗，与去年同期相比大幅下跌 38%。

第 3 季交投出现放缓，现时市场以用家为主，在本地居民庞大的换楼需求带动之下，相信未来用家仍然是市场最主要的买家，他们在置业决定上往往比较审慎，面对第 2 季楼价急升，虽然升幅实际只追回年初跌幅，但由于升势又急又快，用家需要时间消化升幅，加上传统淡季气氛影响，第 3 季成交亦会有所回落。2 大新盘“大潭山壹号”及“海天居”于第 3 季踏入收楼期，届时相信部分海外买家因为外围市况不稳等因素而选择放售套现，为求盘若渴的市场增加一批新供应，暂时舒缓供求失衡的问题。现时刺激楼价的最大主因是供应量不足，二手盘源受 SSD 影响而逐渐减少，一手新盘也消化得七七八八，日后一手楼花规管政策出台后，一手盘源供应无可避免受到影响，一、二手盘源将出现供应断层的趋势，届时买家将更难。

澳门住宅单位买卖数目及价值(2011—2012年) 表6-1

| 时间 | | 2012年 | | 2011年 | |
|---|---|---|---|---|---|
| 季度 | 月份 | 楼宇买卖数目(宗) | 楼宇买卖价值(亿澳门元) | 楼宇买卖数目(宗) | 楼宇买卖价值(亿澳门元) |
| 第1季 | 1月 | 552 | 18.47 | 1541 | 37.90 |
| | 2月 | 560 | 16.20 | 788 | 19.18 |
| | 3月 | 1232 | 48.42 | 2225 | 77.04 |
| 总计 | | 2344 | 83.09 | 4554 | 134.13 |
| 第2季 | 4月 | 1824 | 82.49 | 3485 | 192.44 |
| | 5月 | 2010 | 77.50 | 2402 | 79.02 |
| | 6月 | 1721 | 73.91 | 2368 | 61.14 |
| 总计 | | 5555 | 233.90 | 8255 | 332.61 |
| 上半年总结 | | 7899 | 316.99 | 12809 | 466.74 |
| 第3季 | 7月 | — | — | 878 | 23.59 |
| | 8月 | — | — | 645 | 17.44 |
| | 9月 | — | — | 671 | 18.15 |
| 总计 | | — | — | 2194 | 59.19 |
| 第4季 | 10月 | — | — | 606 | 16.61 |
| | 11月 | — | — | 681 | 17.14 |
| | 12月 | — | — | 886 | 28.93 |
| 总计 | | — | — | 2173 | 62.69 |
| 全年总结 | | 11000 | — | 17176 | 588.61 |

注：* 为预测数字

数据源：澳门统计暨普查局

# 第 7 章 澳门商铺市场分析

中原（澳门）氹仔区 工商铺及项目发展 区域营业董事 何兆恒

额外印花税政策（简称“SSD”）实施 1 年以来带动了商铺的成交，由于商铺不在 SSD 规管范围内，促使部份住宅投资者将资金转投商铺市场，商铺进一步受到热捧，业主心态也更加强硬，封盘现象增加，因此成交量不升反跌，据澳门统计暨普查局数据显示，2012 年上半年商铺成交量为 995 宗，与去年同期相比下跌 38%。

澳门商铺买卖数目及价值（2011—2012 年）　　表 7-1

| 时间 | | 2012 年 | | 2011 年 | |
|---|---|---|---|---|---|
| 季度 | 月份 | 楼宇买卖数目（宗） | 楼宇买卖价值（亿澳门元） | 楼宇买卖数目（宗） | 楼宇买卖价值（亿澳门元） |
| 第 1 季 | 1 月 | 96 | 5.10 | 348 | 10.46 |
| | 2 月 | 105 | 4.89 | 204 | 5.11 |
| | 3 月 | 119 | 8.90 | 229 | 11.32 |
| 总计 | | 320 | 18.89 | 781 | 26.89 |
| 第 2 季 | 4 月 | 180 | 11.46 | 273 | 9.01 |
| | 5 月 | 237 | 16.90 | 300 | 11.38 |
| | 6 月 | 258 | 17.27 | 251 | 11.90 |
| 总计 | | 675 | 45.63 | 824 | 32.29 |
| 上半年总结 | | 995 | 64.52 | 1605 | 59.18 |
| 第 3 季 | 7 月 | --- | --- | 125 | 6.94 |
| | 8 月 | --- | --- | 117 | 6.45 |
| | 9 月 | --- | --- | 94 | 4.77 |
| 总计 | | --- | --- | 336 | 18.16 |
| 第 4 季 | 10 月 | --- | --- | 75 | 5.59 |
| | 11 月 | --- | --- | 76 | 6.00 |
| | 12 月 | --- | --- | 104 | 7.94 |
| 总计 | | --- | --- | 255 | 19.52 |
| 全年总结 | | --- | --- | 2196 | 96.86 |

数据源：澳门统计暨普查局

澳门旅游业蓬勃，入境旅客人次持续上升，据澳门统计暨普查局数据显示，2012 年上半年入境旅客人次累积达 1358 万人，与去年同期相比上升 2%。旅客人数增加，为澳门零售业带来庞大的消费力，2012 年第 1 季旅客人均购物消费升至 971 澳元，创历年新高，零售业畅旺令商铺的承租能力提高，直接刺激租金上升。虽然数据持续上升，但由于增长有所放缓，导致业主叫价未敢过于进取，故现时商铺价格水平仍相当合理。

澳门入境旅客量及消费情况（2011—2012 年） 表 7-2

| | 2011 | | | | 2012 | |
|---|---|---|---|---|---|---|
| | 第 1 季 | 第 2 季 | 第 3 季 | 第 4 季 | 第 1 季 | 第 2 季 |
| 旅客入境数字（千人次） | 6431.20 | 6815.50 | 7415.50 | 7340.10 | 6942.30 | 6635.39 |
| 酒店业入住率 (%) | 81.00 | 82.90 | 85.50 | 86.60 | 83.20 | --- |
| 旅客平均逗留日数 | 1.00 | 1.10 | 1.00 | 0.90 | 0.90 | --- |
| 旅客人均消费（澳门元） | 1516.00 | 1482.00 | 1633.00 | 1820.00 | 1891.00 | --- |
| 旅客总消费（亿澳门元） | 98.00 | 101.00 | 121.00 | 134.00 | 131.00 | --- |
| 旅客人均购物消费（澳门元） | 739.00 | 698.00 | 810.00 | 942.00 | 971.00 | --- |

数据源：澳门统计暨普查局

由于旅游业增长仍然是商铺升值的重要支柱，因此商铺市场在旅游业的推动下继续保持上升。上半年澳门 5 大重点区份的商铺平均呎价及租金全面上升，其中买卖平均呎价方面，以凼仔区的升幅最大，与 2011 年相比上升约 78%；而零售旺区中区的升幅最低，只有 46%，主要因为该区商铺放盘量极为紧绌，成交量也相当有限，因此数据未能完全反映该区商铺价值的实际升幅。而租金方面，皇朝区的升幅最大，与去年相比上升达 1.2 倍，另外两个较多旅客的地区——中区及凼仔区，租金升幅也高达 50%。

澳门 5 大重点区域商铺平均呎价及平均呎租 表 7-3

| 地区 | 平均呎价（澳门元） | | 平均呎租（澳门元） | |
|---|---|---|---|---|
| | 2012 年（1—6 月） | 2011 年（1—12 月） | 2012 年（1—6 月） | 2011 年（1—12 月） |
| 皇朝区 | 19184 ↑ 70% | 11303 | 88.50 ↑ 120% | 40.26 |
| 凼仔区 | 14135 ↑ 78% | 7943 | 38.70 ↑ 50% | 25.85 |
| 中区（南湾区、板樟堂区、新马路） | 47643 ↑ 46% | 32650 | 155.12 ↑ 50% | 103.41 |
| 高士德区 | 17843 ↑ 68% | 10624 | 59.87 ↑ 35% | 44.19 |
| 北区 | 9486 ↑ 63% | 5803 | 27.86 ↑ 23% | 22.64 |

数据来源：中原地产研究部

澳门大额商铺成交一览（2012 年上半年）　表 7-4

| 地区 | 成交月份 | 物业地址 | 面积（呎） | 成交价（万澳门元） | 平均呎价（澳门元） | 原租客 |
|---|---|---|---|---|---|---|
| 皇朝区 | 2 月 | 皇朝富达花园地铺 | 1488 | 1848 | 12419 | 西式咖啡厅 |
| | 3 月 | 皇朝富达花园地铺 | 1488 | 2520 | 16935 | 西式咖啡厅 |
| | 3 月 | 皇朝富达花园单边铺 | 2000 | 3200 | 16000 | 地产 |
| | 4 月 | 皇朝西地铺 | 800 | 5100 | 63750 | 电信零售商 |
| 中区 | 5 月 | 板樟堂地铺 | 700 | 17000 | 240000 | 运动用品店 |
| | 5 月 | 白马行地铺 | 4000 | 17000 | 42500 | 超市 |
| 高士德区 | 3 月 | 贾伯乐提督街 | 870 | 500 | 5747 | 发廊 |
| | 3 月 | 佑美大厦地铺 | 630 | 2400 | 38095 | 珠宝店 |
| | 4 月 | 俾利喇街粤华广场地库铺 | 11961 | 4100 | 3428 | 儿童游乐场 |
| | 5 月 | 罗利老马路地铺 | 350 | 1180 | 13770 | 时装店 |
| | 5 月 | 雅廉坊大马路家和大厦地铺 | 1200 | 1450 | 12083 | 发廊 |
| 南湾 | 5 月 | 南湾大马路地铺 | 8800 | 5800 | 6591 | 超市 |

数据源：澳门统计暨普查局

澳门大额商铺租赁一览（2012 年上半年）　表 7-5

| 地区 | 成交月份 | 物业地址 | 面积（呎） | 成交价（万澳门元） | 平均呎价（澳门元） | 原租客 |
|---|---|---|---|---|---|---|
| 中区 | 1 月 | 大三巴街地铺 | 1194 | 15 | 126 | 手信店 |
| | 3 月 | 板樟堂街地铺 | 1050 | 49 | 467 | 国际护肤品牌 |
| | 3 月 | 板樟堂街全幢 | 4500 | 250 | 555 | 连锁时装店 |
| | 5 月 | 白马行地铺 | 1500 | 20 | 133 | 电信公司 |
| | 6 月 | 板樟堂卖草地地铺 | 1242 | 60 | 483 | 连锁运动用品店 |
| | 6 月 | 板樟堂卖草地地铺 | 1800 | 140 | 778 | 国际护肤品牌 |
| | 6 月 | 大三巴街地铺 | 1548 | 25 | 161 | 药房 |
| | — | 板樟堂街地铺 | 全幢 | 65 | — | 连锁时装店 |
| | — | 板樟堂街地铺 | 全幢 | 30 | — | 连锁咖啡店 |
| 黑沙环 | 5 月 | 激成工业大厦地铺 | 4503 | 26.8 | 60 | 银行 |
| 南湾 | 2 月 | 南湾大马路地铺 | 3928 | 12 | 31 | 超市 |

数据源：澳门统计暨普查局

2012 年下半年铺位市场将更加炽热，在旅游业兴旺的推动下，近年越来越多国际品牌寻求旺区一线铺位进驻澳门，部分于 2008 年底至 2010 年初市道低迷时期所签订的旧约陆续约满，预计第 3 季一线铺位租金将再创新高，而一线铺位原租客的转移令二、三线铺位也受惠。另外，现时一系列的基建，包括筷子基、青洲区街道扩阔工程及南粤新关口，已令该区铺位成为市场热话，消息一出立即带动该区铺位叫价上升，其中一个面积 8000 呎的空置商场叫价立即由 10000 澳门元 / 呎提升 1 倍。在品牌进驻以及基建效应之下，预计第 3 季商铺租金将持续攀升，业主封盘等新租客的情况将陆续涌现，盘源短缺情况渐趋严重，将导致售价出现短时间“干升”的现象，直至能消化新旧租客转换中的调整期，预计下半年租金除了能追平年初保守估计的全年上升 25% 外，可望再创新高。

楼事
Story
港澳

# 港澳

施永青评香港房屋政策

梁特首竞选政纲内的房屋政策

开放居屋第二市场白表客准入

额外印花税 SSD 成效检讨

香港房地产市场销售规管

新界丁屋僭建的问题与及政府政策方向

银行楼按竞争激烈开拓按揭存款挂钩

九龙东、启德两大区域规划

内地客户在港置业分析

澳门房屋政策须着力解决供不应求

澳门物业投资与基建

热门投资移民国家及地区的政策简介

# 第 8 章 施永青评香港房屋政策

中原集团董事　施永青

## 8.1 香港每年需要多少住宅?

香港有 260 万个住宅单位，但只有 235 万个家庭住户。这表示现存的住宅单位数目比家庭数目要多；而且不是多一点点，而是多了 25 万个，比全港住户的数目多 10.6%。

如果真是这样，香港应该没有房屋供应不足的问题。社会何需这么急去逼政府增加供应？社会更应该去关注的，是如何令现有的资源得到更好的利用，以免空置浪费。

据差饷物业估价署公布的 2010 年底的住宅空置率只有 4.7%，而不是 10.6%；反映有些家庭占用不只一个住宅单位。但我们并不能立即视这种情况为不合理，因为现今的确有不少年轻人喜欢迁离家庭，过独立的生活，以享有更多的私隐空间。

香港的公屋就有一大批单身的青年在轮候，而劏房[1]的租客中，亦有很多是单身的青年人，正在显示我们不应忽略年轻人的住屋需求。可能是政府把住户的定义订得太死板，没有把单身的青年视作一个家庭单位，才会以为香港只有 235 万个住户，还以为住宅的总存量多过家庭数目达 10.6%。若然我们把单身青年的住户亦算作一个家庭单位，香港的住户应该不只 235 万。所以，差饷物业估价署算出来的空置率 (4.7%)，可能更贴近事实。

一般来说，楼宇是不会零空置的。市场上总会有人要卖出买入，在讨价还价期间，物业可能需要空置一段时间，去等待出价好的买家，或由投资者暂时持有，以等待时机。在很多地方，这种正常的空置率亦会有 5%。现时香港的住宅空置率，低至只有 4.7%，比自然空置率还要低，显示市场完全有能力接受更多的住宅供应。

政府现时的计划，是每年要为私人市场提供 2 万个单位，为居屋需要提供 5000 个单位，为公屋需要提供 1.5 万个单位，合共 4 万个。如果与董建华年代的 8.5 万个相比，4 万个可谓连当年的一半也不够，但 8.5 万已被证明是一个可以带来灾难性后果的供应水平；明显过高，不可以拿来作准。

居屋与公屋的需求，视乎供应有多少，亦没有参考价值。要看就得看私人市场才有意思。过去 5 年，私人市场平均每年的吸纳量只有 12452 个，现在政府打算供应 20000 个，增加了 60%，增幅确是不少。

然而，过去 5 年的平均吸纳量少，却并非因为吸纳能力不足，而是因为楼宇的供应量少。过去 5 年，香港私人住宅市场的年均落成量，只有 11280 个单位，比吸纳量还要少。此乃之前楼价上升的主要原因。

因此，每年 12452 个，根本不是正常的需求，而是受供应不足制约下的需求。从这个角度来看，每年提供约 20000 个私人住宅，能否满足需求，仍不能这么确定。我倾向认为，这个供应量仍略嫌不足，不一定有遏抑楼价的作用，政府仍可大胆地增加供应。

1 “分间楼宇单位”，即俗称“劏房”，一般是指一个单位被分隔成两个或以上的独立单位，有关的工程通常涉及拆除原先的非结构性间隔墙、竖设新的非结构性间隔墙、装置新的厕所及厨房、为新设的厕所／厨房改动或竖设内部排水渠系统、加厚地台以埋置新设或改道的排水渠管等。

## 8.2 住屋全靠政府资助可以吗？

香港约有 2.35 万个住户。其中 73 万户 (31%) 住在公屋，38 万户 (16%) 住在由政府资助置业的居所，包括居屋、夹屋，以及其他各式靠政府资助才置业的居所。这两者加起来合共 111 万户，占全港住户的 47%，将近一半。除了新加坡以外，世上鲜有大城市，政府在住屋问题上，能像香港那样，有这么多的承担。

大部分国家，在城市化的过程中，都出现过贫民窟的问题。即使是伦敦与巴黎，在发展初期，亦一样搞到乌烟瘴气，百病丛生，比现时的马尼拉与约翰内斯堡好不了多少。

二次大战后，大量难民涌入香港，我们遇到的住屋问题不比其他城市少，但香港大体上都处理得不错。我们基本上已解决了寮屋问题。虽然现时尚有僭建与劏房问题，但都应有办法逐步加以解决。

因此，在外界看来，香港在住屋问题上，已算处理得不错。联合国与世界各地的国家都经常来香港学习，香港自己不用妄自菲薄。

过去，香港在处理房屋问题上，之所以要政府大量投入资源，是因为香港本身比较穷。但随着香港的转型，香港已从一个以本地产品出口为主的轻工业城市，转变成为提供专业服务的金融中心，人均 GDP 已达全球前列。香港现时应具备更好的条件，靠个人自己的力量去解决住屋问题，而不是愈来愈依赖政府。

可惜，香港的政客大部分都思维守旧，一味只晓得要求政府加建公屋、居屋，以及放宽申请资助者的资格限制；好像非要全港市民都入住公屋或居屋后，他们才算功德圆满。

其实，愈来愈多人需要政府资助才能解决住屋问题，本身不是一种好事。社会主义国家，以前都是这样；人民都住在千篇一律，类似军营的公屋里；没法搬迁，也没法提升；只能寄望政府出新政策。人在这种环境下，会感到很无奈，没法对自己未来的生活有寄望。

如果香港不想行这条社会主义道路，应该令需要政府资助的人愈来愈少才是。愈多人需要政府资助，表示愈多人在向下流。未来的特首，应领导香港人走出这个困局。

香港现时有不少财政盈余，特首要解决住屋问题，最方便地是用钱去解决。但这会令人民误以为，住屋上的问题可以交由政府去解决，自己不用操心。另一方面，社会亦会因而把大部分的精力投放在财富的重新分配问题上，反而忽略了如何去创造新的财富。最后，可供分配的财富愈来愈少；分得怎样好也没有用。

因此，未来的特首，应带领香港人与时并进，不断提升全球竞争的技能；这样，香港人才能往上流动，才能不断改善生活。此外，政府应尽量用宏观的政策，如调较土地供应量，或订定卖地使用限制，来协助市民置业；而不是单靠直接的资助。这样，市民就可以凭自己的努力置业，不至于非靠政府资助不可。这样市民才能掌控自己的生活，才能生活得更有希望。

## 8.3 公屋已足以解决居住问题

若是香港真的能够发展得愈来愈好的话，应该会有愈来愈多的人，不用依赖政府的资助，也可以解决自己的生活问题，包括居住问题。因此，我们应乐于看到，公屋或居屋之类的资助性房屋可以愈建愈少，而不是愈建愈多。那些承诺会在当选后会为市民提供更多公屋与居屋的政客，皆缺乏宏大的政治理想，他们实质上在带领香港向下流。

有人可能会觉得：人人都可以自力更生当然理想，但不切实际；社会上总有不幸者需要照顾，政府不能不设社会福利的安全网。

这个相信不会有人反对，但政治领袖应设法把人从安全网中拉出来，而不是让更多的人跌进网中去。

如果是为了在住屋问题上为社会提供一个安全网，那么单纯兴建公屋，已足以解决问题。

如果有人说他有住屋问题，但却已不符合申请公屋的资格，以至他的住屋问题无法解决。那房委会就应检讨申请公屋的限制，以把那些真的需要政府帮助的人也容纳进去。

不过，如果有人说，他不想租公屋，他想拥有物业，那就不应是政府的责任，否则，政府岂不是要建 2 个安全网，一个帮人租楼，另一个帮人买楼。那大家都是香港人，为什么有些人可以选择跌进第 2 个网，有些人只能跌进第 1 个网？

新居屋政策，将按买家的负担能力来订价。那收入低于申请居屋资格的人会问，政府为什么不按我们负担能力，建些楼卖给我？

为什么政府愿帮比我富有的人而不帮我？不是说愈穷愈有资格拿政府资助吗？为什么在住屋问题上不是这样？政府起码也要一视同仁，让大家都有持有物业的机会？

其实，福利制度最好用单一的准则。把居屋也视作解决住屋问题的手段，只会把住屋问题复杂化。政府应把协助香港解决居住问题与协助香港人有资产升值机会的问题分开来处理，不要让人把投资需要也包装成住屋需要，这只会把事情弄得更混淆。

买居屋，无可避免涉及投资。福利政策不应该与投资混在一起。如果把协助市民投资也视作社会福利，很快会有人认为，政府应协助他作好投资，让他们赚钱，不要累他们亏损。

特首在新居屋的补地价问题上，已不知不觉地顺应了投资者在这方面的要求——楼价升的时候，补地价按买入的价来补；楼价跌了就按卖出价计。这岂不是输打赢要？这就是把投资也福利化的结果。

政府应清楚让市民知道，住屋问题才是民生问题，这个问题可用公屋方式去加以解决。而建居屋的目的，只是让香港人都有机会搭一次资产升值的顺风车；以免有房产的人与没有房产的人经济差距愈拉愈大。政府若是不肯在这个问题上面对现实，居屋政策一定会一再失误。

## 8.4 复建居屋 理念不清

有人认为：社会对复建居屋已有共识；但如果深入去了解一下，社会只是对复建居屋的行动有共识，不过对于为何要复建居屋，却意见纷纭，甚至是互相对立的。

有意见认为：政府提供居屋的目的，是助市民解决住屋问题，故不应容许炒卖。政府应规定居屋的业主，只能把楼原价卖回给政府，由政府再卖给符合资格的居屋申请者。

但亦有意见认为，现时居屋流通少，是因为补地价费用很高；如果能让居屋的业主在转让时免补地价，社会资源就可以利用得更为有效。但这又等如明益居屋业主，社会上并非人人赞成这样做。

现实是买楼必然带有投资上的考虑，原因是楼价是会上会落的。一个买家可以说自己买楼的目的不是为了赚钱，但他绝对介意买楼招致亏损。因此，买楼时一定会问价，不会什么价钱都接受。为了不至亏损，最好当然是等后市看升的时候才入市。居屋的买家也一样会这样做。楼市萧条的时候，居屋的价钱订得很低，一样卖不出。1980 年代初，市道低迷的时候，居屋乏人问津，政府只好开放限制，把居屋卖给私人市场的买家。1997 年之后，亚洲金融风暴加上八万五政策，令港人视买楼为畏途，担心变成负资产，最后导致政府把红湾半岛卖给发展商当私楼卖，引起官商勾结的疑惑。

2003 年至今，香港的住宅楼价升了 2 倍有多，居屋的订价也水涨船高，但市民想买居屋的热情却无比高涨。房委会在出售剩余居屋时，售价愈订愈高，而超额认购的倍数亦愈来愈多。由此可见，大部分买居屋的人，都会考虑楼价的趋势问题。不管他们口中怎么说，但心里一定是想买入后楼价继续升，而不想买入后楼价掉头回落。如果居屋的业主只能按原来买入价把楼售回给政府，想买居屋的人一定会大幅减少。建议居屋只能原价卖回给政府的人，可能是最不想政府复建居屋的人。

至于那些建议居屋转让不用补地价的意见，亦很难行得通。原因是之前转让的人都有补地价，现在忽然不用再补了，补了地价的人一定不肯白白吃亏，一定会要求政府“回水”，政府岂不是自寻烦恼？

其实，现时居屋的业主只要把楼卖给符合申请居屋的，而不是在私人市场出售，是一样不用补地价的；但由于这样卖不起价，故没有太多的人肯这样卖。反映居屋业主在卖楼时，价格一样是最关键的考虑因素。如果香港真的要复建居屋的话，大家就不要自欺欺人，说复建居屋只是为了解决住屋问题，买居屋是为了拥有物业。一旦成了业主，除了可以不受加租的威胁外，还可以享受资产升值的得益。只要香港经济好，拥有物业者就可以搭一程资产增值的顺风车。复建居屋的目的，就是让香港人都有这种机会。如果社会在这个基本理念上没有共识，将来一定会在复建居屋的具体细节上产生争拗，很难达到增进社会和谐的结果。

## 8.5 居屋与购买力挂钩可行吗？

施政报告宣布复建居屋，但新居屋的售价将不再与私人市场挂钩，而是与市民的购买力挂钩。这个说法听来很漂亮，但实际上却是一个思虑不周的理念，会衍生出很多别的问题。

如果居屋的订价可以迁就市民的购买力的话，那只有资格租公屋的人就会要求政府把价钱订低至符合他们的购买力，让他们也有机会成为业主。大家都是市民，为什么收入低的家庭就没有这个权利？即使拿最低工资的人也会说，只要政府把居屋的价钱再订低一点，他也可以买得起。可见这套理念是没法向收入低的人伸延的。

政府可能会说，政府的这项政策是专为符合申请居屋资格的人而设的，不符合资格的人不适用。但这也会被人批评为厚此薄彼，歧视收入低的人。理论上，收入愈低的人应该获得政府的资助愈多，为何政府反其道而行之？

再者，即使对符合申请居屋的人，政府也没法实行这套理念，每个申请居屋的家庭，都有不同的收入，政府不可能按每一个买家的收入来订价。政府的所谓“按市民的购买力来订价”，应是指按符合申请居屋的那批人，整体而言的购买力来订价，而不是按个别买家的购买力。

但什么人是这批人的“整体而言”购买力呢？申请居屋的入息上限是 3 万港元，但低至 1.6 万港元也可以，两者相差近倍。如果政府照月入 3 万的来订价，低收入的会买不起；但如果照低收入的来订价，高收入的人就得益过多。

此外，单位的质素亦会因座向与景观而有差异，政府在订价时不可能只考虑买家的购买力。因此，我估计将来新居屋的订价一样有平有贵，而不理会个别买家的实际购买力。结果变成钱多的人买大单位、靓单位，钱少的人买小单位、差单位。政府的资助变成益有钱人多过益钱较少的人。

还有一点是市民至今仍未弄清楚的，就是政府所谓按购买力定价，究竟是订哪个价？是计政府提供贷款后要买家自己承担的那个价？还是计政府未提供贷款前的那个价？按现时政府的说法，似乎是指前者的机会多些。

然而，这又会涉及贷款前的原价该怎么订的问题。最有可能，政府仍会把这个价钱与私人市场挂勾。如果真是这样，这与旧时的居屋其实没有多大的分别，因为旧时居屋亦会按买家的购买力去决定折扣的多少，新居屋只不过以贷款代替折扣吧了。

不过，政府至今仍未决定，将来政府的贷款的方式，贷款又会占楼价多少成。私人市场楼价上升的时候，政府可能要增加贷款的比例，令购买居屋的人从一开始就背起很大的包袱，将来一样不易还，令新居屋一样不容易流通。

有人说，这个问题不难解决，只要政府把楼价订平一些就可以了。但如果楼价真的可以任由政府主观地去订，即政府又何必多此一举去搞贷款，政府只要把楼价订低一点，买家不是连贷款也不用贷了。由此可见，所谓按市民的购买力来订价，根本不容易落实。

## 8.6 公屋轮候时间之谜

政府施政报告预期，未来 5 年共有 7.5 万个公屋单位落成，平均每年 1.5 万个。加上每年收回的单位，当可维持“一般申请者”轮候时间不超过 3 年的承诺。但很多维护基层权益的团体都说，平均每年供应 1.5 万个单位是不够的，因为房委会早已无法维持轮候时间不超过 3 年的承诺。据他们的实际接触，申请者由开始轮候到真正入住公屋所需的时间，很多都超过 3 年。

其实，这两种说法都没有错。政府说的“一般申请者”，并不包括单身人士，他们每年所获的配额比较少，但单身人士申请的人数却有增加的趋势。如果要让单身人士的轮候时间也不超过 3 年的话，那每年 1.5 万个供应肯定不够。

不过，房委会认为，在土地供应有限的情况下，房委会只能优先照顾正常的家庭。至于单身人士，房委会已有机制先照顾长者；其他单身人士，只能排另一条队，轮候时间亦会较长。

此外，政府与民间组织所说的轮候时间，大家都有不同的定义，所以一个说轮候不超过 3 年，一个说很多都超过 3 年。

政府所说的轮候时间，是指申请者被核实资格开始轮候直至首次获配拣楼机会的这段时间。而民间组织则泛指申请者递交申请表到拣中合适单位的这段时间。

现实是，如果申请者不是太挑剔的话，不难在首次得到拣楼机会的时候就拣到楼，那他们的轮候时间就不会超过 3 年。但现时公屋的申请者，都十分了解自己的权利，知道政府不能随便剥夺他们住公屋的资格，所以会坚持要拣到“合心意”的单位才肯搬进去。

房委会现时的做法是：每户申请者会获得 3 次拣楼的机会，如果 3 次都拣不到，就得重新排队轮候。要排第 2 次队的人，就可能要轮候 3 年以上才有机会入住公屋了。房委会觉得，要拣多少次才拣中单位，是房委会控制不了的事情，因此若要计算轮候时间，只能计到首次获得拣楼的时间，而不是计到实际入住公屋的时间。

民间组织则怀疑房委会，刻意把一些劣质单位拿来作首 3 次拣楼用；这样，申请者就只好排第 2 次队，轮候超过 3 年也不可责怪房委会。他们指控房委会，用这种安排来掩盖公屋供应不足的真相。

不难明白，房委会作为业主，有需要把一些难租得出的单位优先推介，否则公共资源就会被浪费。但这种安排的确会加快轮候者获首次拣楼的机会，因为排前面的人宁愿重新排队也不拣楼，变成房委会在任何时间都有一些稍逊的单位供人作首次挑选。当然这并不能理解成公屋的供应已经足够。

其实条数不难计，每年供应 1.5 万个，3 年亦不过 4.5 万个。那即使申请者一点也不挑剔，分配给他们什么就要什么，也只能解决 4.5 万个轮候者的住屋问题。只要轮候者超过 4.5 万个，已足以说明房委会的这种承诺，是没有实际意义了。

## 8.7 增建公屋非唯一途径

申请公屋的人数突破 15 万大关，比去年增加了 2 成，以房委会每年新建 1.5 万个单位计，可能会有人要轮候 10 年才有机会入住公屋。因此，两位特首候选人最近都表示应大幅增建公屋，以缩短申请者的轮候时间。

他们提出的指标是每年建 3.5 万个新公屋单位，比现时的兴建速度快 1.3 倍，与董建华的年代差不多，对公屋轮候者来说，这无疑是一个大喜讯。但增建公屋是解决香港住屋问题的最佳途径吗？这个问题值得商讨。

第二次世界大战后，大量难民涌港。他们两手空空身无一物，只能在山边建木屋，政府必须想办法把他们安置。然而，香港已发展成一个高增值的专业服务中心，如果香港人都能跟着香港一起转型的话，理应有愈来愈多的人可以凭自己的力量解决住屋问题才是，但现在却出现轮候公屋的人愈来愈多的情况，究竟问题出在哪里？

一个可能性是：香港虽成功转型，但并非所有的香港人都能成功转型；社会上有一部分人追不上主流的步伐，于是只好靠社会照顾。

面对这种情况，政治领袖的首要任务，应是协助他们追赶上来，起码要设法令他们的子女可以追赶上来，以便逐步融入主流社会。否则，他们一旦养成了依赖的习惯，就只能长期停留在社会的底部，无法凭自己的努力去追求更美好的生活。

卡尔·波普认为：政府的责任是减轻人民的痛苦，而不是替人民谋幸福。因此，公屋只应用来提供最基本的居住要求，把公屋的居住环境改善得太好，只会把大学生也吸引过来申请，令更多的人都成为社会的依赖者。

因此，公屋的轮候册有多长，除了看政府每年有多少个新单位供应外，还得看公屋的质素有多好，以及申请公屋的限制有多宽松。只要房委会把申请者的入息上限计高一点，把公屋的位置选近市区一点，以及把单位的面积造大一点，轮候册上的人数必会大增；反之，轮候册上的名单亦会跟着缩短。

此外，轮候册的长短亦与私人市场的环境有密切的关系。如果私人市场的出租单位供应充足，租金就会往下调，令公屋的吸引力相对减少。届时，人们就不一定肯轮候太长的时间去入住公屋了。

因此，增建公屋并非缩短轮候册的唯一途径，新任特首应跳出旧有的思想框架，用不同的途径去解决香港的居住问题。香港的人均生产总值已名列世界前茅，没有理由不可以利用市场机制去解决香港的居住问题。把住屋福利化，只会令接受资助者自我感觉不良好，以后都得靠政客为他们争取更有利的政策，而没法靠自己的努力去掌握自己的命运。这绝对不是香港人的理想生活。

## 8.8 不按市价 难供选择

公屋的申请者埋怨轮候时间过长；房委会则推说是他们太挑剔。房委会认为，如果他们能在首次获拣楼机会时即作出选择，那就不用 3 年已可上楼。

公屋申请者进一步指，房委会刻意在首次拣楼时提供一些质素差的单位供他们选择，好让他们不容易拣中合适单位，只好重新轮候；这样，申请者就得自负轮候超过 3 年的责任。

这种互相埋怨的情况，并没有在居屋拣楼时出现，原因是居屋是按市价订价的，质素好的单位价钱高一些，质素差的单位价钱低一些；这样，买家就会自行选择；负担能力差的居屋买家会主动拣一些质素较差的单位，以换取价钱较低的好处。因此，居屋甚少有单位长期卖不出。

但公屋的情况则不一样，在同一个屋邨，房委会只会订每呎租金多少钱，而不会因高低层、座向、景观等因素的分别为个别单位订价。因此，唯一影响不同单位租金的是面积。但单位的大小却不是申请者可以随便拣的，因为这又受制于申请者的家庭人数，以至申请者只有拣与不拣的选择。当房委会提供的单位质素太不如理想的时候，申请者就只好选择重新轮候，也不拣自己不喜欢的单位。对申请者来说，拣一个质素差的单位，等同自己每月得到的资助比别人少，他们不愿意吃这种亏的。

申请者的这种取态，令公屋资源的使用效率受损；房委会曾试图引入价格机制去加以改善。房委会的设想是：在订定公屋的租金时，按照公屋所在的位置、楼层、间格、座向、景观、通风等因素作一并考虑，为每个单位订出不一样的租金，那些不易租得出的单位，租金会订得平一些；希望这样可以减少某些公屋长期空置的情况。不过，这个建议遭到维护基层权益的民间组织强烈反对。他们认为公屋是政府提供给基层的住屋福利，不应引入市场机制，以免令公屋居民分化。否则，住在租金低的单位的住客，可能会遭人歧视。

现实是在私人市场上，一样会有人住好一些的单位，有人住差一些的单位，个中难免有些会被人看不起。但相对社会资源能得到有效运用的好处，这小小的瑕疵，社会应可以接受。

相对私人市场而言，公屋其实更需要注重资源运用的效率，以令基层的需要可以及早得到照顾。维护基层权益的组织，以担心分化为名，去反对房委会引入价格机制，最终可能损害了基层的根本利益。

对某些经济能力差一些的公屋居民来说，他们可能并不介意住一些低层景观差的单位，最紧要是租金可以交少一些。这样，他们就可以省下一些钱，去做他们更想做的事；譬如让子女接受更好的教育之类。

现实是只能靠引入价格机制，公屋居民才能有较多的选择。若以某些主观的理念去阻滞市场机制的运作，最终只会演变成按理念作配给，人们连选择的自由也没有。

## 8.9 如何增加公屋的流转

支持复建居屋的人常说，居屋有助公屋的流转。公屋住户买了居屋后，就可以把他们原有的公屋单位供予其他有需要的人。因此，应让公屋住户有购买居屋的优先权。

在这种意见的主导下，过去居屋在出售时，不但为公屋住户留有较多的配额，而且还免除公屋住户的入息审查。结果，住在劏房里的人买到居屋的机会反比公屋富户还要少。这怎符合社会公义？此外，这种促进公屋流转的方法，代价实在太大了。它是需要房委会用一间面积更大、质素更高的居屋去换回来的。房委会有土地的话，为甚么不拿来多建两间公屋，而要去建供人投资的居屋？

严格一点来说，当公屋居屋经济好转到可以买居屋的时候，他们应该已有能力租住私人市场的房屋，而不用再占住公屋的单位了。只是房委会现时对公屋富户的政策非常宽松；入住 10 年后，才需作入息审查，超标者亦不过交市值租金罢了。房委会大可以要求这类富户先迁出公屋，才有资格申请买居屋。这样，申请买居屋就不用分白表与绿表了。

公屋富户一定不愿意这样做；他们会担心，若然申请居屋没中签，那岂不是连公屋的户籍也失去了。但他们也应该想一想，尚有 15 万人在轮候公屋，他们既然已交得出市值租金，为什么不去私人市场租楼，硬要占住公屋的单位不放。房委会应该不管公屋的富户是否有意买居屋，也要富户交出占住的单位。公屋福利只应该提供给没有能力租私楼的人；不应通过一次审查后，就可以一世享用。可惜，我们的政府怕麻烦，连推行理所当然的政策也畏首畏尾。

现实是在世界上任何一个地方，要收回既得利益者的利益都是不容易的。要收回公屋富户的单位，不但已成富户者会反对，未成富户的住户也会担心将来会同一命运，所以会一起反对这类政策。

再者，社会舆论总倾向把矛头指向政府，而非民间。结果，政府在收紧公屋富户政策上的努力，常被舆论指控为想推卸建新公屋的责任。

其实，最好的公屋流转方法，并非用行政手段把富户赶出去，而是让他们自动搬出去。关键是不要把公屋建得太好。如果公屋的质素改善得比私人的屋苑还要好，谁会愿意搬走？

我并非心黑，要公屋住户没有好日子过，我认为好日子都是要自己争取得来的，指望政府照顾，是没法脱离社会底层的。让公屋居民对自己的处境不满，反可促使他们努力去改变自己的命运。现时不断有政客承诺会更好地照顾他们，反会令他们因循怠惰，放弃凭自己的努力去追求更美好的生活，而只能把希望寄托在政客身上。

以香港这样一个高度发展的城市，政府应有条件为市民打造一个可以人尽其才的平台，这样，社会上大部分人都可以凭自己努力去创造自己的明天，不用愈来愈依赖社会的照顾。我们应推动政府朝这个方向努力。

## 8.10 应让年轻人申请公屋吗？

申请公屋的轮候人数创历史新高，至接近 18 万宗。其中 18 岁至 29 岁的单身申请者有 4 万多宗，有不少年轻人，在求学期间，就利用他未有收入的境况，乘机申请公屋。

社会上大多数人对这种做法都有点看不过眼，觉得年轻人将来还有很多发展机会，不应这样快就“打定输数”，去轮候要用公帑资助的福利性住屋。事实上，青年人，走上社会工作的初期，通常工资都会增长得很快。

现时，单身人士申请公屋的入息上限是每月 8,740 元；相信大部分青年人工作几年后，都可能超过这个收入。可惜，按现时房委会的做法，一旦入住公屋，就要等 10 年后，才会再做入息审查。因此，这些入住了公屋的青年人，即使后来入息增加，仍可以长期占住公屋，导致社会资源错配，对真正有需要的人不公平。

不过，社会上亦不乏同情年轻申请者的人，他们觉得：现时楼价这么贵，年轻人都置业无望，才会出此下策。他们又认为：年轻人想独立，想有自己的私人空间，这不难理解；加上现在大部分家庭都空间狭窄，居住环境不理想，年轻人想搬出来自己住很正常。

不过，我并不完全认同这样的说法。楼价高，是政府土地供应不足的结果。我们应对症下药，要求政府增加土地供应，而不是任由年轻人滥用房屋福利的资源。

至于年轻人希望不用与父母同住，这并不算迫切性的需要，不应用公帑去协助。尤其是当公屋轮候册上尚有逾十万真正有需要的家庭的时候，年轻人理应让一让。

年轻人要过独立生活，首先应令自己有经济上的独立，但住公屋仍是一种依赖，只不过是从依赖父母，变为依赖社会。年轻人一旦养成依赖社会的习惯，以后就容易放弃自力更生，宁花精神去要求政府增加福利，也不花精神去提升自己的竞争能力。当这样的人在社会里变得愈来愈多的时候，社会就很难有进步，希腊与西班牙等欧洲国家，最近就出现了这种情况。

据我所知，有不少父母其实不想子女太早搬出去住。他们觉得子女尚未定性，未必懂得独处，在外面很容易闯祸。他们这种担心，并非完全没有道理。

现时对年轻人申请公屋持肯定态度的，主要是一些政客。因为 18 岁就开始有权投票，年轻人是政客主要的争取对象，政客都不愿意讲一些年轻人不喜欢听的话。2017 年将举行香港首次特首普选，有意竞逐者将想尽一切方法去讨好选民，相信不会有政客会要求收紧年轻人入住公屋的要求。他们最可能会做的，是承诺建更多的公屋，难道真的要全港市民都入住公屋，这些政客才感到功德圆满吗？

## 8.11 公屋宜设学历上限

据报，近年大学生未毕业就申请公屋的情况有增加的迹象。社会对这种现象有两派截然不同的意见。

反建制派的意见认为：这种现象显示特区政府的管治出了严重问题，以致大学生也对自己的前途失去了信心。由于楼价与租金的上升速度比一般人入息的上升速度还要快，他们预期走上社会工作后，也未必有能力在私人市场租得起一间质素好过公屋的单位。他们觉得：与其付高租金去住劏房，不如及早申请租金又平环境又好的公屋。反建制派认为，社会不应随便批评这类大学生，他们是环境所逼才这样做的。社会应向政府施压，促使政府进行改革，让人民的声音能够更好地在政府的政策上反映出来。只有这样，年轻人对将来才会有信心，不至于大学未毕业已去申请公屋。

一般香港人的思维方式不会把什么问题都上纲上线，把有大学生申请公屋也联系到政治制度的层面去分析。他们的想法很简单：社会已花了这么多的钱去培育大学生，本是希望他们毕业后能为社会作贡献，怎料到他们会这么没出息，还未出社会竞争，就预期自己会输，已打算做逃兵。社会是否还应该供这类没有斗志的青年人读大学？

现时香港只有 18% 左右的青年人有机会读大学。他们已属社会上最有竞争能力的首 18% 精英。在他们之下还有 82% 没有机会读大学的年轻人。如果我们视大学生申请公屋也是合理的话，其他人申请公屋就一定更合理。那香港真是建多多公屋也不够。难道我们真的想让那另外 8 成香港人都住进公屋？

香港现时有 5 成多的家庭已自置居所，大学生作为社会上头 18% 的精英，应有条件成为有楼一族。他们现时感到置业困难，是因为楼市正处于高峰期。若论置业的难度，1981—1982 年期间与 1996—1997 年的楼市高峰期间，大学生要置业远比今天困难。但随之而来的 1984—1990 年期间与 1999—2005 年期间都有一段很长的大学生容易置业的时段。只要政府的政策得宜，今后一样有机会出现大学生较易置业的时段。

反建制派总喜欢把香港描绘得一无是处，但现实是香港的经济在大部分时间都有增长。大学生有条件从事的工种，报酬上升速度远比其他工种快。大学生可以说是香港转型的得益者。把他们也说成是需要社会照顾的一群，一般人很难接受。

现时申请公屋，只设入息上限与资产上限，大学生未有工作，当然未有入息、亦不会有太多的资产，只要他们一到 18 岁，他们就符合申请公屋的资格。

香港人有便宜都不会放过，有大学生于是先入表申请公屋，将来住不住再看情况；起码，一旦成为公屋租户，再申请居屋会容易一些。这不但会增加房委会的行政负担，更抢走了真正有需要者的入住公屋的机会。因此，房委会可考虑为公屋的申请者设学历上限，以阻止那些年轻力壮的大学生的寻租行为。

# 第 9 章 梁特首竞选政纲内的房屋政策

中原地产研究部 高级联席董事　黄良昇

梁振英上任特首，他的房屋政策是由公营房屋主导，跟曾荫权以私营房屋主导的政策，是截然不同的。不单止发展商、小业主、地产经纪、银行、以致整个社会，都需要适应新的政策。

起初梁振英的竞选政纲，刻意避谈“八万五”政策，以免影响胜选。但实际的房策内容却有迹可寻，就是重建过去港英时代的置业阶梯。即房屋市场由公屋、居屋、夹屋、私楼 4 重架构组成，形成一个垂直顺序分布的金字塔。公屋在底，私楼在顶。

在置业阶梯的金字塔中，公屋为数最多，在最低一层。原本曾特首计划 5 年内建 7.5 万个公屋，将会加快完成。并会大力扩建公屋，包括市区小型公屋，但为数未有交待。同样，将会全面复建居屋，但数量未明。居屋未及复建之初，每年开放5000个白表客可以进入居屋第二市场。而居屋的补价方式可能沿用旧制，放弃曾特首的贷款取代补地价。

置安心计划可能被终止，改由另类房屋取代，所谓另类房屋将会是夹屋还魂。而私楼将会划分成二层，中小型住宅及豪宅。中小型住宅将会引入港人港地的概念，豪宅容许较大的投资性质。另外，中产长者屋及青年宿舍获得发展。当建屋量获得保证，政府便会重推置业贷款，鼓励市民买私楼，又将供楼利息扣税延长至 20 年。说到尾就是 7 成港人自置居所的目标复活。

## 9.1 房委房协争取复建居屋夹屋

梁特首上台，所谓新房屋政策，乃 1990 年代港英政府房策的全面复辟。重推置业阶梯，即公屋、居屋、夹屋及私楼的四重架构。在此政策性指导思想下，曾特首的置安心计划几乎肯定胎死腹中，而新版本居屋亦很可能夭折。

香港房屋协会主席杨家声向传媒表示，置安心计划不可行，直接要求将置安心改为夹屋，并希望每年建 2000 伙夹屋应市。另外，房协又提倡在市区兴建乙类屋邨，即“中产公屋”，以较低的租金租予中产家庭。

所有房屋资助的起初，都是以小量应市，解决市民住屋困难为由。但最后都是愈建愈多，尾大不掉。1990 年代初夹屋问世，亦是每年建 1000 个为限。到“八万五”政策问世，计划大建夹屋。结果未及落实已经叫停，因为楼价大跌，夹屋小业主沦为负资产。

同样的情况亦在居屋发生，1995 年起房委会大建居屋。公营房屋落成量连升 5 年，推到历史新高，1997 年 3.8 万个，1998 年 4 万个，1999 年 5 万个，2000 年 6.5 万个，2001 年 7.3 万个，远高于“八万五”政策中每年 5 万个公营房屋目标。

房委及房协争相兴建资助房屋，因为可以掌握更多土地资源。多年来增建公屋、居屋及夹屋，无助解决楼价上升的问题。相反，一旦遇到经济衰退或金融危机，庞大的公共房屋供应，成为楼市致命一擊，楼价大跌不起。

## 9.2 中产阶层担心新房屋政策

自从梁振英当选特首后，楼价下挫的忧心，便悄悄地传染开去。加上近日梁特首突然叫停双非来港产子，令社会更加民粹化。楼价高企势必成为梁特首出手整治的目标，以博取更高的民望。

这种担心在中产广泛传染，不限于大地产商。身边有不少中产朋友，表示开始要把资产分散海外，以免过度集中香港，一铺被打残，不知何日能翻身。这些友人不是要移民，因为早有外国居留权。不单止忧心房价下跌，身家不保。更担心过度民粹化和福利主义，加重中产税务负担。

就楼市的担心，可说是“一朝被蛇咬，十年怕草绳”的心理反射。今天不是 1997 年，亦没有“八万五”。楼市没有过度炒卖，甚致炒家绝迹。又没有过度借贷，供楼负担比率低 40%，1997 年是 112%。更没有过度建设，公私营房屋供应长期偏低，相反 1997 年前已大建居屋，1997 年后更有 8.5 万建屋大计。

不排除梁特首大建公屋、居屋及夹屋，但土地却供应不足。大建公共房屋，只会令私楼土地更加缺乏，私楼价格更难下降。要大量增加土地谈可容易；填海辟地、环境生态、旧区保育、赔偿动迁等问题。不是有钱就能解决，强制执行只会引发社会冲突。2011 年曾特首宣布复建居屋，最快亦要 2016 年才开始落成。2012 年梁特首要大建居屋，正好为 2017 年普选特首累积民望或民怨。

## 9.3 不会重推八万五

梁振英的房屋政策，首要任务是要解决基层住屋问题。即新特首上任后，要增加拨土地，多建公屋。新政府不会重推“八万五”政策，亦不以打压楼市为施政目标。因为楼价一旦大跌，所引起的民怨，更甚于楼价升之时，令其他施政无法推行。

有感社会形势，为梁特首订定房屋政网的邬满海，再次强调新一届政府不会重推“八万五”政策，只是重启长远房屋策略。不会有冒进的房屋计划，施政将考虑 140 万户小业主的利益。未来房屋政策不能仿效新加坡，不会 9 成家庭住在公营房屋。

再次强调未来房屋政策是以重建置业阶梯为目标。香港房屋由 3 大部份组成，包括基层住屋、资助自置居所及私人市场。基层住屋以低租的公屋为主；资助自置居所包括居屋、夹屋或自置贷款；私人市场继续兴建私楼。

较迫切的问题是市区劏房，居住条件恶劣，情况有如第二次世界大战后香港的寮屋和临屋问题。政府应提供足够廉租房，解决基层住屋需要。政府构思“过渡性住房”计划，容许工厂大厦改装成住宅，俗称工厦变劏房，取代市区旧楼劏房的问题。

每年兴建 5000 个居屋单位，半数可以转换成公屋。遇到楼价下跌时，可以实时削减居屋供应。而置业贷款计划，必须在私楼供应充足下推出，以免刺激房价上升。

房屋局长张炳良公开表示，2013 年首季便推售“港人港地”的政策。即政府指出部份土地，所建房屋只准香港永久居民购买。并且适用于房委、房协及市建局的发展项目。

# 第 10 章 开放居屋第二市场 白表客准入

中原地产研究部 高级联席董事　黄良昇

香港特区政府计划，2013 年 1 月 1 日开始，每年容许 5,000 个白表申请人，可以购买未补价的二手居屋。这个在居屋第二市场，希望一方面透过二手市场满足部分的白表人士置居的需要，亦希望有助于居屋二手市场流转。有关细节，需要经过房委会辖下的小组，特别是资助房屋小组详细商讨。用什么方式抽出 5000 个人士，倾向按照现时在第二市场，绿表人⊥证明书的方法，在证明书有效期 6 个月内行使购买。白表申请资格，大概是月入 3 万元或以下的家庭。

## 10.1 居屋第二市场

房委会于 1997 年 6 月成立“居屋 / 私人参建居屋计划单位第二市场”（居屋第二市场）让现居公屋住户和绿表资格证明书持有人可选购由首次出售日期起计第 3 年的居屋 / 私人参建居屋 / 租者置其屋单位（居屋）。这项安排增加了居屋的流转量，以满足社会对资助自置居所的需求。更重要的是，现居公屋住户和绿表资格证明书持有人享有多一个自置居所的途径，而房委会则可腾出更多出租公屋，编配予有真正需要的人士。

居屋第二市场楼宇买卖的运作，大致上与公开市场上的模式相同，买卖双方可自由议价，或透过地产代理进行交易。买方必须承担将来在公开市场上把单位出售时，所须要缴付补价的责任。

政府出售一手居屋时，将认购人士分为绿表和白表资格。绿表资格主要是现有公屋租户，白表是租住私楼户。前者要交还公屋，有优先拣楼权，获得较大比例的认购配额。形成白表较多而配额较低，绿表较少而配额较多的情况。

所谓居屋第二市场是相对于居屋利伯维尔场。前者是业主免补地价，将居屋售予合资格人士。后者是业主补地价后，自由出售或出租居屋。第二市场中所谓合资格人士，主要是公屋住户，即绿表人士。

一手居屋，绿表优先于白表。居屋第二市场，只容许绿表购买，白表被拒门外。明显是优待绿表，薄待白表。支持者认为可以加快回收公屋，但结果是公屋户拥有双重优惠，低价租公屋，优先买居屋。

今天住屋难，主要是租住私楼户，租贵难捱，又无力购买私楼。所以开放第二市场，让白表人士购买，效果等同免地价买一手居屋。居屋第二市场放盘遍全港，选择多，自由议价。

## 10.2 白表客准入第二市场

白表客准入居屋第二市场，是一项新尝试。如果新政策成功活化居屋二手买卖，将可减轻政府新建居屋的压力。透过市场化，加快现有居屋资源的有效分配，是舍远求近的方法。相反，单单到处觅地建新居屋，是舍近求远的笨方式。有土地应优先兴建私楼，平抑楼价上升，才是正途。

过去政府只准绿表客（公屋居民）免补地价购买居屋第二市场。借此加快收回公屋，送走公屋富户。但成效有限，近年第二市场买卖每年只有 2000 宗上下。实施 15 年来，共 3.2 万宗，未能减轻政府建公屋的压力。政策亦被指为单方面厚待公屋住户，享受双重福利，即租金及楼价补贴。

2013 年起准白表客进入居屋第二市场，可以省却等候新居屋兴建。再者，新居屋几乎集中新界，相反二手居屋选择多，遍布全港各区。相信首年 5000 个白表名额，吸引大量市民申请。

白表客须在一年限期买楼，入市态度较绿表客积极。将会刺激绿表客赶在今年下半年入市，以免被摊薄拣楼机会，估计下半年居屋第二市场将会兴旺。成交量上升，居屋楼价亦会上升。但升幅受制于市场，因为业主叫价过高，买家不如买私楼，甚至等新居屋。再者，想趁机套现转买私楼的居屋业主为数不少，二手卖盘不会缺乏。

## 10.3 第二市场议价要点

居屋第二市场的议价要点在于市值和折扣率，买卖双方充分掌握二项变量，才能有效议价。如果不了解个中玄机，可以委托地产经纪代劳。

第二市场的特点就是免地价买居屋或公屋，而所谓免地价只限制于业主出售予合资格人士。如果买方将来在自由市场出售或出租，便要补地价。实质上，未来补价的义务由卖方转让予合资格的买方，并非真的免去补地价的决定责任。

不单止补地价的责任由买方“继承”，连同补地价的比率亦一起“继承”。每个居屋第一次出售时，政府都制定市值，然后以一个折扣价出售，折扣价对市值的差距便是折扣率。例如市值 200 万，6 折出售；售价便是 120 万元，折扣率 4 成。将来补地价时，市值 400 万元，补地价便是 160 万元。

将来补地价责任由买方继承，所以折扣率对买方出价很重要，每期居屋甚至每个居屋的折扣率并不相同，须明确掌握。议价时买卖双方须认定居屋现有市值，然后根据折扣率定出交易价。例如市值 400 万元，折扣率 4 成，交易价应为 240 万元。

实施交易过程中，买卖双方均不必补地价，卖方倾向以较高的市值率出售物业。例如市值 400 万元，折扣率 4 成，却以 7 成市价出售，即 280 万元。假设买家可以实时补地价，变相便多付 1 成市值，即 280+160-400=40。但遇上优质物业，买家会愿意多付，例如海景单位。

## 10.4 第二市场买卖将会大增

特区政府首次准许居屋白表申请人，进入居屋第二市场。虽然名额只有 5000 个，但足够将 2013 年全年居屋第二市场的买卖宗数推高到 7000 宗的水平，创历史新高。

2012 年上半年居屋第二市场暂时录得买卖 877 宗，总值 19.1 亿港元。预计全年买卖宗数将会上升到 2000 宗的水平，因为白表客即将准入第二市场，刺激绿表客加快入市。

2013 年起，首批 5000 名白表客陆续准入第二市场，合资格申请人须半年内买楼。估计 2013 年便可全数用尽 5000 个名额，连同每年约 2000 个绿表买家，全年合共约 7000 个买家投入第二市场。

## 10.5 居屋升值才有人买

自从宣布白表准入居屋第二市场，居屋业主立刻提价放盘，又或封盘等价升。这是市场正常反应，足证居屋业主视居屋为私产，有投资价值，不是单纯的居住自用。只不过买家担心连二手居屋都涨价，更难置业。即人性自利，无分私楼或公共房屋。

过去居屋二手价相对较平宜，只因二手市场无效率，每月不足 200 宗买卖，流转性低，应有市值无法体现。加上买家只限制于绿表客（即公屋住户），没有竞争，是买方主导的市场。相反，预期白表买家加入竞争，买家急增，令业主可以重掌主导地位，当然加价。

二手业主提价，只不过纠正过去市值较低的不合理现象。即流通量足够，商品价格才能充分体现其市值。无论如何，业主不可能大幅提价超过应有市值，因为买方可以转投一手居屋，甚至转买私楼。二手居屋有市有价，买入居屋能够升值，新买家才会积极入市。二手居屋转流给有需要的市民，居屋资源分配更有效率，减少新建居屋的压力，减轻公共财政负担。

图 10-1 香港居屋第二市场按年成交纪录（2005—2013 年）

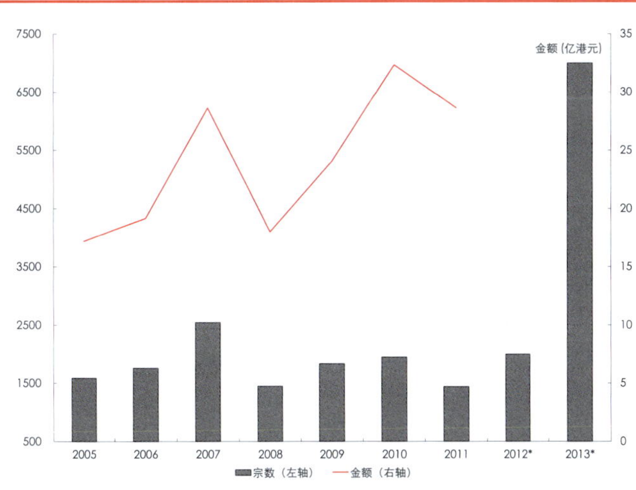


注：2012—2013 年为预测数字
数据来源：中原地产研究部

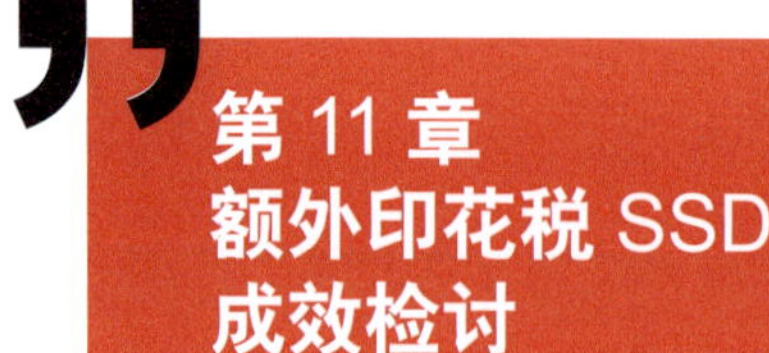

# 第 11 章 额外印花税 SSD 成效检讨

## 11.1 SSD 抑制短期炒卖 短期交易萎缩

中原地产亚太区总裁（住宅）陈永杰

2012 年全球受着欧债危机的威胁，各国推行货币量化宽松政策救市，资金转向实物如物业、黄金等商品市场。物业价值一下子被炒高，成为了各国政府，尤其亚太地区另一个需急切解决之难题。为了纾缓市民对于高楼价之怨声，亚洲地区多个国家均对物业市场采取了调控措施。

### 11.1.1 SSD 令楼市正常交易萎缩

于香港，成效最显注之楼市调控措施，相信是额外印花税 (SSD)。于 2010 年 11 月起，凡于购入物业后，2 年内转售，香港政府向物业收取楼价 5%~15% 的额外印花税。自 2010 年 11 月实施额外印花税后，香港二手私人物业成交量按月下跌 29%，及至 2012 年首季仅录 14,490 宗二手私人住宅成交，较 2010 年第 3 季（额外印花税未实施前）的 31,994 宗，减少近 55%。

量变质变，本应是市场定律，成交量减少，相信楼价亦会跟随下调，可惜调控措施仍不敌“高通胀”这股大洪流，再加上港元与美元挂钩之缘故，香港按揭息率近年一直徘徊在 2.15 厘之历史低位。额外印花税之推行，的确有效地打击香港物业市场的短炒活动，唯“刚性”需求持续，市民对于“买楼抗通胀”之需求日增。

额外印花税之推行，亦令手持物业之业主更为惜售，二手放盘减少，导致香港楼价没有出现大幅下调，反映香港楼价的“中原城市领先指数”(CCL)，由 10 年 11 月，未实施额外印花税前报 88.24 点，升至最新报的 105.1 点 (2012 年 7 月 13 日 )，显示香港楼市于高通胀，低按息的支持下，即使楼市调控措施成功击退物业炒卖活动，但楼价于过去 18 个月仍反复向上 19.1%，更创下 CCL 自 97 年创立以来的历史新高。

额外印花税的推行的确令香港住宅物业炒风衰竭，奈何却衍生出业主惜售，供应短缺令楼价持续向升的局面，相信 1、2 年内，于市场供应短缺、低息环境及高通涨之影响下，香港住宅楼价依然向升，继续推行额外印花税是没办法当中的办法，即使 2012 年年底政府将为额外印花税成效进行检讨，唯相信可调整之空间不大。

### 11.1.2 SSD 成功令楼市短期炒卖绝迹

图 11-1 香港二手私人住宅“摩货”买卖合约按半年登记统计（1995 上半年—2012 上半年）

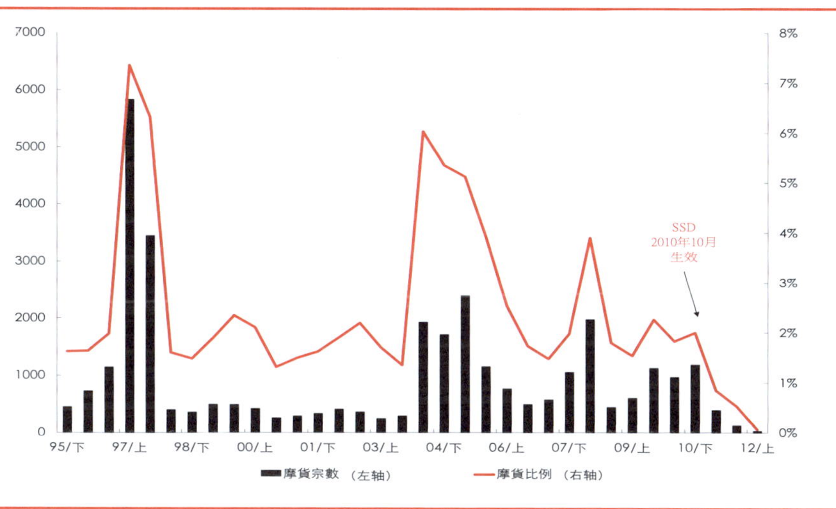


注：(1) 摩货比例指“摩货”宗数占同期整体二手私人住宅买卖的百分比

(2) 二手私人住宅包括二手楼花

数据源：中原地产研究部

2012 年上半年以确认人身份转让的二手私人住宅“摩货”（包括二手楼花）买卖合约登记录得 28 宗，总值 2.03 亿港元，较 2011 年下半年的 123 宗及 9.22 亿港元，分别急跌 77.2% 及 78.0%。摩售宗数连续 3 个半年度下降，并跌至双位数字低水平，2012 年上半年摩售宗数是创 1995 年下半年有记录以来的 17 年按半年历史新低。反映受到额外印花税措施影响，成功排除投资者入市，导致私人住宅短炒活动严重萎缩，摩售数字大减。另外，上半年的私人住宅摩售有 20 宗为一手新盘楼花摩售，而二手摩售录得 8 宗。

在摩售比例方面，2012 年上半年的二手私人住宅“摩货”登记宗数，占同期整体二手私人住宅买卖登记宗数的 0.09%，较 2011 年下半年的 0.55% 下跌 0.46 个百分点。今年上半年的摩售比例连跌 3 个半年度，创按半年历史新低。摩售比例贴近零水平，显示市场炒卖几近绝迹。

## 11.2 SSD 难抑房价上升 反阻市场调整

中原地产研究部 高级联席董事 黄良昇

### 11.2.1 SSD 半年楼价升一成

额外印花税生效首半年，成功迫退炒家。但没有炒家翻云覆雨，楼价仍然上升约 1 成，即楼价上升的主因，并非炒家炒高楼价了。

2010 年楼价急升，市民抱怨。政客、政党、舆论纷纷指责炒家推高楼价，要求政府出手干预。政府临时向新加坡抄桥，推出额外印花税，2010 年 11 月 20 日生效。

首半年楼价上升约 1 成，近日向大屋村楼价又屡创新高，豪宅纷纷以天价成交，官地拍卖的地价亦高于现楼价。可见楼价上升，主因不在炒家炒高楼价。

实施额外印花税后，成功迫退炒家。短期二手转卖图利明显下跌，摸售例子更跌至每月几十宗的历史谷底。今天入市买楼都会长期持有，起码持有 2 年。因为通涨升温，楼价睇升，人人都争持房屋，对抗通涨，保护自己的财富。

### 11.2.2 SSD 实施半年盘更缺

自从额外印花税生效首半年，二手楼市放盘不足已经浮现。二手楼市成交日趋下降，除了是价高难成交外。有效放盘日愈短缺，买家无货可拣，小业主企硬不减价，形成恶性循环。

过去经验，好市 2 年，成交 10 个住宅，其中属于短期转售的 1~2 成。但实施额外印花税后，短期转售大跌，摸售比例更跌至 1% 以下。即短炒被迫变成长揸收租，又或退出市场。

已成交 4 万个住宅交易几乎未见再有二手转售，如果今年又有 10 万个住宅交易后不再转售，市场上可以转售的单位只会愈来愈少。二手盘源短缺势必出现，二手楼价焉能压低呢？

额外印花税生效首个半年。其间楼价指数从 88 点，上升至今的 98 点，升幅 1 成有多，成交的住宅数量超过 4 万个。

### 11.2.3 生效第二年 SSD 买卖增加

额外印花税成功阻截楼市的短期炒卖，却无法阻止房价上升。只要楼价升幅超过 10% 或以上，高过最低额外印花税 5%，转售住宅便有利可图，而 SSD 的转售个案亦会增加。

香港税务局公布 2012 年 7 月—2012 年 6 月，12 个月内，SSD 买卖累计 580 宗。但 SSD 宗数持续按月持续上升，并非楼市炒风重现。

按规定 SSD 生效后，买入住宅超过 1 年，只须缴付卖价的 5%。即 2010 年 11 月—2011 年 3 月，买入住宅至今，只要房价升幅超过 10% 或以上，均可获行转售物业。

事实上，SSD 生效后，房价持续上升。2011 年全年房价升 7.6%，2012 年第 1 季再升 10%。即 SSD 生效第 2 年，楼价累积升幅亦超过 10% 以上，触发 SSD 放盘增加。

单 SSD 放盘增加是没有用的，因为买家未必有中情 SSD 盘。只因房价上升，业主不愿割爱，买家才被迫选择 SSD 盘。再者，卖方普遍承担 SSD 费用，才能达成买卖。可见买家宁愿少赚 5%，亦不愿多等 1 年。

### 11.2.4 房价升过额外印花税才售楼

香港不会改变联系汇率，所以 SSD 只能暂时压抑楼价升势。当市场适应了新措施，楼价又会急升。好比抗生素成功扑杀细菌，但细菌很快会进化，产生抗药性，最终进化成超级细菌，所向无敌。

香港楼价急速上升，原因是港元贬值。港元跟美元挂勾，美元长期走势是反复向下的，港元亦难逃同一命运。但香港经济好，港元却贬值。以港元计的商品亦难逃升值的命运。这是市场的自我调节，亦是香港人对抗货币贬值的自我防卫机制。

政府拒绝面对联汇问题，将楼价上升的责任推御给炒家。推出额外印花税，迫退炒家，就以为可以解决楼价上升的问题，这是治标不治本。当官员为了短期成效而沾沾自喜之时，正是楼价反攻之时。

当挞订潮和减价潮过去，即要沽要死的炒家全数退场后。市场上只剩下长线投资者和用家，一心要持货二年。二手市场货源下降，但新供应不会实时上升。一旦遇到需求上升，买家无法再多等 1 年，买家出价要超过额外印花税 (10%) 才有业主愿意出售。

### 11.2.5 SSD 破坏市场

世人都以为将炒家赶尽杀绝，楼市就太平，人人都能够买楼。事实上却相反，没有炒家活动，市场运作效能下降，买卖双方都要为此付出代价。

以额外印花税为例，实施一年半以来，只有 580 宗需要缴费的个案。而有关转售物业公司逃避额外花税的，亦没有增加。证明 SSD 成功迫退炒家，没有炒家炒作，楼价自然能回落到可负担的水平，事实却非如此。

SSD 实施后，楼价仍然上升。2011 年上半年升 14%，到下半年才回软 5%，2012 年上半年再升 10%。炒家消失，楼价仍然上升。正因为没有炒家，市场上的业主几乎全部是用家及长线投资者，没有诱因要降价售楼。明明是经济放缓，楼市有下行风险，业主都坚拒减价，市场无法自行调整。

如果市场上有一定比例的炒家持货，经济一旦放缓，炒家便会率先减价沽货。结果是推低楼价，刺激成交，加快楼市完成调整。少数炒家主动减价沽货，令整体楼价合理下调，广大的小市民才能趁低价置业。再者，炒家减价幅度大于用家业主，向炒家接货未必蚀底。

### 11.2.6 撤 SSD 有助楼市调整

因为额外印花税目标是防止炒卖推高楼价，如果香港经济进入调整，应该撤销 SSD，让楼价有秩序的下降。否则，外围经济一旦逆转向下，业主被迫售楼，减价幅度大过 SSD 才能吸引买家，SSD 会大幅加速楼价下跌，对香港经济不利。

2011 年下半年楼价调整，因为香港经济放缓。经济放缓幅度有限，所以楼价调整轻微。如果经济放缓时间延长，楼价调整时间亦会相应延长。楼价明显受制于经济增长，不会出现经济跌而楼价升的情况。楼价调整亦非政府打压措施生效，政府加快推售官地，要等到 2014 年后才会陆续落成，对今天市况影响轻微。

相反 SSD 成功赶走炒家，楼市以用家主导。加上美国利率长期低企，香港按息升势已尽。用家业主没有售楼的压力，更难言减价求售。楼市小数的投资者，又因租金回报有 4 厘，远胜于存款利率，又略高于按息，所以投资者亦没有售楼的意图。

楼市的用家和投资者都没有售楼压力，楼价难跌。政府以为楼价高企，炒风仍在，打压措施持续。如果 2013 年全球经济逆转，便会加速楼价下跌。相反，撤销 SSD，让过去 2 年高价入市的买家可以甩身，减价求售情况增加，楼价调整加快。但跌幅有限，是有秩序的调整。

图 11-2 香港 SSD 买卖统计宗数（2011 年 7 月—2012 年 6 月）

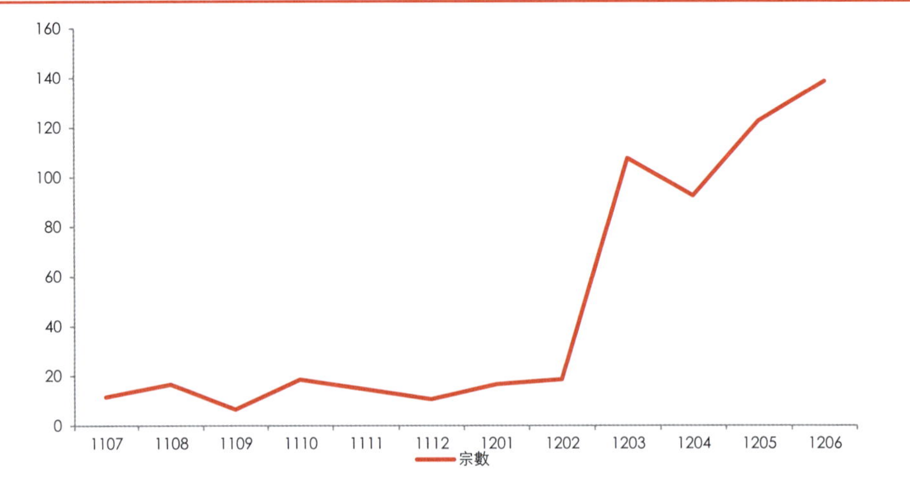


数据来源：印花税署

# 第 12 章 香港房地产市场销售规管

中原地产亚太区总裁（住宅） 陈永杰

## 12.1 一手楼销售规管（二级市场销售规管）

香港政府拟透过立法加强一手楼销售的透明度及公平性。于 2012 年之立法年度，政府与业界通过多次讨论及磋商，希望尽法落实《一手住宅物业销售条例草案》，从统一标准，明码实价，以实用面积计价，卖家必须于单位开售前最少 7 天公布售楼说明书，开售 3 天前公布价单、发售日期及数目等方面定出立法条文。如作失实陈述及发放虚假数据，将会列为刑事罪行。最高刑罚罚款 500 万港元，及监禁 7 年。有关条例草案已于 2012 年 6 月经立法会三读通过。

新法例条文中，如于单位开售前最少 7 天公布售楼说明书，开售 3 天前公布价单等条文已于"建设商会"的指引下，逐步执行，而且运行得相当顺利，相信日后立法遇到的问题不大。条例草案中，最受发展商争议的，包括：日后新楼盘只容许以实用面积计价，此点与香港市民数十年多一向沿用的建筑面积相距甚远，引起发展商之回响亦较大。

另一项条文同样引起较大争议的是条文内容的厘清。一手条例草案当中，有关失实陈述及误导之条文，发展商皆认为内容空泛，而且涉及层面广，如建筑师、设计师、工程师、会计师，律师等皆会参与物业建设，如条文内容太空泛，将令业界难以适从，故期望条例生效时可清楚厘定细节，免从业员误堕法网。

一手楼销售立法在香港已讨论了十多年，于现今讲求透明度的社会，提高一手住宅销售的透明度及公平性，是大势所趋，立法后市民购置香港物业更放心，相信长远而言，对香港物业发展具莫大脾益。

## 12.2 二手楼实用面积报价（三级市场销售规管）

香港"一手住宅物业销售条例草案"于 2012 年立法年度顺利通过，为与一手市场接轨及令市场标准更为统一，负责监管香港地产代理的"地产代理监管局"于 2012 年 5 月已就二手物业采用实用面积发出执业通告。

新执业通告要求地产代理于 2013 年 1 月 1 日起，推销二手住宅物业发出的广告宣传及向客户提供物业楼面面积的数据时，必须提供有关物业的实用面积，而有关实用面积可从差饷物业估价署或物业首次转让的买卖协议取得。

香港住宅物业买卖，一向沿用建筑面积而非实用面积，需改变买家多年来的习惯，殊不容易。现时欲知物业的实用面积，需于差饷物业估价处的物业信息网付费查阅，每笔港币 9 元。市民应有权更方便地得悉手持物业的实用面积，故建议物业实用面积可打印于差饷单上，地产代理于处理物业时，亦可透过差饷单上的实用面积处理物业买卖。但至今未见政府有积极性响应。

为配合新执业通告的推行，由 2013 年 1 月 1 日起，二手物业销售便会以实用面积及建筑面积双轨并行，而一手住宅物业则只可使用实用面积，业界相信新标准将令一向只用建筑面积厘定单位造价是否合理的业主及买家无所适从。而地产代理为二手住宅物业推广或进行买卖交易时，皆必须付费查询物业的实用面积，令交易成本大大提高，相信令小型地产代理行经营更见困难。

## 12.3 一手住宅物业销售条例立法目的

条例草案的主要目的，是建立一个清晰、公道、平衡、可行和有效的机制，规管所有一手住宅物业的销售安排，透过提升市场透明度和确保有关的物业及交易信息准确无误，以及把违规的行为刑事化，全面加强对消费者的保障。

与此同时，条例也为业界提供了一个公平竞争环境，有关的规管措施是适当的，容许发展商保留一定程度的弹性，以响应市场情况的转变。我们认为条例草案对买卖双方都有极大好处。

条例实际要点

（1）统一标准、明码实价、高度透明。条例草案为售楼说明书、价单、示范单位及销售安排订下了全面、详细和切实可行的规定。例如：

1）卖家必须于物业开售前最少 7 天公布售楼说明书，以及必须在开售前最少 3 天公布价单和发售的日期、时间、地点，发售住宅物业的数目及详情；

2）价单必须按指定的格式拟备，每张价单须提供不少于法例要求的单位数目。价单所定的单位数目下限，视乎发展项目的规模而定；

3）规定以“实用面积”表达单位面积以及单位每平方呎及每平方米的售价。同时，卖方必须在售楼说明书内以总体方式提供公用设施（例如住客会所）的面积资料，让准买家全面了解发展项目内公用设施的种类和面积。

（2）信息准确、适时披露。《条例草案》订下了最能反映实际交易情况的数据披露限期，例如，卖方须在 24 小时内披露临时买卖合约的资料，同时亦需公布有关的交易是否涉及卖方的关连人士，例如该公司的直系亲属或其控权公司的高级职员等。

（3）将违规行为刑事化处理，当中包括任何人士如作出失实陈述和发放虚假或具误导性的资料，即属犯罪。

（4）就违反各项条文订定了罚则，最高罚款 500 万港元和最长监禁 7 年。

（5）在运输及房屋局下设立执法当局，负责监察遵从建议法例的情况；按情况所需进行调查；发出作业指引；备存数据和统计数字；进行公众教育工作；以及设立一个提供一手住宅物业销售数据的电子数据库。

## 12.4 提供二手住宅物业楼面面积执业要点

（1）地产代理条例及其附属法例并没有规定持牌人必须提供楼宇的呎价数据。持牌人如果有需要以呎价表述单位价格，必须表明是以实用面积抑或建筑面积计算，以免引起误会。

（2）不少客户喜欢以平方呎计算单位的面积，但从订明来源取得的实用面积资料是以 $m^2$ 计算，假如持牌人将平方米换算为平方呎，换算后的数字须有多准确，地产代理常规及执业通告均没有对此作任何订明。一般而言，将数据四舍五入是其中一种合理方法。例如：某单位的实用面积为 91 $m^2$（即 91 $m^2$x 10.764 平方呎 = 979.524 平方呎），向客户披露或刊登广告时，把它换算成 979 平方呎、979.5 平方呎或 980 平方呎也可接受。假如客户有疑问，持牌人亦可向客户解释数据的换算方法。

（3）执业通告规定表述实用面积所用的字母、字及数目字的字体不可比表述建筑面积的为小，如两者的字体大小一样，并没有违反规定。至于表述实用面积的文字或数字在广告上的位置，执业通告并没有就此作出规定。

（4）假如广告内已提供了该物业的实用面积，持牌人可以在广告内同时提供物业的建筑面积或其他楼面面积资料。然而，假如广告内提供物业的建筑面积或其他楼面面积资料，持牌人须在监管局要求时出示证据，证明物业的建筑面积或其他楼面面积的资料是从合理来源取得，或是基于恰当的根据下，才将该等资料载于广告内。

（5）如已提供该物业的实用面积或不能从估价署或首次协议中取得该物业的实用面积（例如新界村屋），则持牌人可提供物业的建筑面积或其他楼面面积资料。然而，假如持牌人提供物业的建筑面积或其他楼面面积资料，持牌人须在监管局要求时出示证据，证明物业的建筑面积或其他楼面面积的资料是从合理来源取得，或是基于恰当的根据下，才提供相关资料。至 于有关“合理来源”或“恰当的根据”的例子，可以是测量师报告或发展商提供的售楼说明书。持牌人亦应采取一切合理步骤并尽一切应尽的努力，确保有关资料是准确的。

（6）估价署及发展商提供的单位实用面积数字可能会有不同，假如这引发交易上的争拗或取消交易，持牌人会否需要负上责任？地产代理监管局没有明确交待，监管局只表达，执业通告并没有要求持牌人将实用面积资料注于买卖 / 租赁合约当中。假如持牌人认为有需要将有关资料写到合约内的话，可以注明有关数据的来源及何时取得该数据。

（7）根据《常规规例》，持牌人只须从估价署或首次协议其中一处取得物业实用面积资料，并在向客户提供时列明数据源。至于两者取哪一个，法例没有规定。

（8）执业通告适用于所有监管局持牌人，包括地产代理（个人）牌照、营业员牌照及地产代理（公司）牌照持有人。未能遵守指引的持牌人，或会遭受监管局的纪律处分，最严重的处分是撤销牌照。一般来说，地产代理公司有责任确保其公司名下发出的广告没有虚假或具误导性陈述，但从业员亦应确保他向客户提供的数据是准确的。

（9）执业通告的正式实施日期为 2013 年 1 月 1 日，由通告发出至实施前尚有逾半年时间，这就是给予业界准备的适应期，监管局会在这段时间加强教育业界及市民。到了 2013 年 1 月 1 日开始，执业通告就会正式生效，监管局会采取执法行动及在收到投诉时会秉公处理。

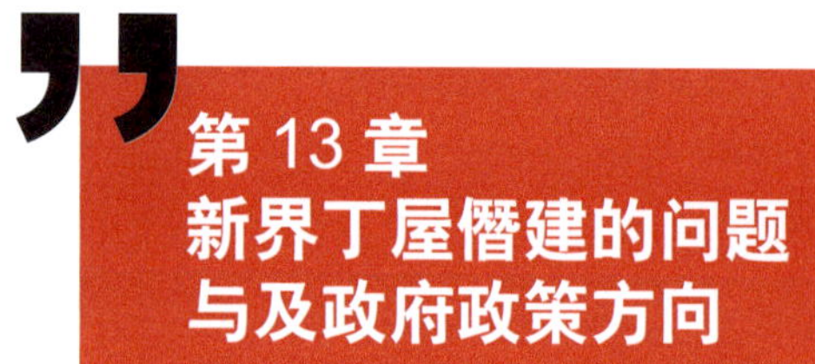

# 第 13 章 新界丁屋僭建的问题与及政府政策方向

中原（工商铺）注册测量师　朱智铭

## 13.1 历史背景

长久以来，有关新界土地执法方式一直承认中国传统习俗权益的特点，形成了与香港和九龙土地权益的分别[1]。1905 年制定的《新界土地条例》，成为现今新界条例的规范。而新界条例第 13 条一直承认中国习俗和传统权益。1906 年成立新界理民府以后，在政府架构上新界的行政与香港和九龙的行政就基本上完全分开，而理民府亦负责批核新界房屋的兴建。但第二次世界大战后，政府需要在发展新界新市镇，2 套法律和 2 个行政机关的冲突愈来愈大。其中楼宇安全的标准出现重大的差别，以前新界的建筑只是 2~3 层的村屋，后期出现多层工厂大厦，基本上无法由理民府的非建筑专业人士审批。结果，政府于 1948 年修订的新界法例，加入了由建筑专业人士批核非传统乡村建筑物的图则，但理民府仍有最后核准权。

1961 年前，建筑物条例只适用于港九、新九龙和鸭脷州。于 1961 年 1 月 1 日起，更为新界建筑物规则立另一条新例，名为建筑物（适用于新界）条例。1967 年六七暴动后，为了得到新界原居民的支持落实发展新界，香港政府实施了小型屋宇政策，规定年满 18 岁，新界男性原居民在其一生可申请一次建造一幢最高 3 层（上限为 27 呎 /8.22m 高），每层面积不超过 700 平方呎的丁屋，无需向香港政府缴付补地价。

## 13.2 丁屋豁免书

其实根据《建筑物条例（新界适用）条例》（第 121 章）[2]，现时新界丁屋可申请 3 份豁免书。包括建筑、渠务及地盘平整。只要乎合条例规定，在取得豁免书后，就不需要聘请认可人士 (Authorized Persons) 监工。

(1) 建筑要求，新界豁免管制屋宇的高度限制为 8.22m（27 呎），而建筑物不得超过 3 层和上盖面积不得超过 65.03$m^2$（700 平方呎）；

(2) 地盘平整，所有护土墙，包括任何保护泥土或填土的构筑物，均属地盘平整工程，而非建筑工程。豁免地盘平整工程的准则如下：

(a) 地段边界之间的倾斜度不得超过 15°；

(b) 地段边界以外 10m（32.80 呎）划线范围内，不论从任何方向度量，整体倾斜不少于 15°；

(c) 地段边界以外 10m（32.80 呎）范围内，并无陡于 30° 或高于 1.5m（4.92 呎）的斜坡；

(d) 地段以内，或地段以外 10m (32.80 呎) 范围内，并无高于 1.5m (4.92 呎) 的护土墙或台地护土墙。

(3) 渠务，个别的业主需在工程施工前与有关地政处接洽，以确保拟建的渠务系统合乎规定，但集体兴建的屋宇图则须呈交详细的排水系统建议书，经当局核准后才可获发豁免证明书。取得以上 3 张豁免证明后，就可以兴建丁屋而不须再入则屋宇署，亦不需要认可人士监督。

言而，丁屋僭建的定义就是超过以上的条件或未经屋宇署批准而超出以上所述的条件。

1 房产发展研究中心：新界土地权益问题的历史因由网站 http://blog.yahoo.com/_3SWRDKEHOKTTR3RK3V3YWNNSBE/articles/576395

2 地政总署：兴建新界豁免管制屋宇须知网站 http://www.landsd.gov.hk/tc/images/doc/Building%20NT%20Exempted%20Houses_c.pdf

## 13.3 丁屋僭建改革及争议

于 1995 年 8 月[1]，香港政府曾经检讨新界小型屋宇政策。虽然根据《香港基本法》第 40 条规定，新界原居民的原有合法传统权益，在香港主权移交后仍然受到保护，但在 1997 年 7 月 1 日前，仍有大量新界原居民向香港地政总署提出兴建丁屋申请，令丁屋申请一直积压。

正因丁屋申请一直积压，居民为了增加房屋面积，继而令到近年丁屋僭建问题恶化。

### 13.3.1 丁屋僭建模式及个案

丁屋僭建大致可分以下几种模式：[2]

（1）天台加建

以钢筋混凝土、砖石或其他材料建造及围封的天台搭建物或以钢材或铝质构件建造并没有围封的天台构筑物。

（2）围封露台

以钢材、铝质构件、金属板或玻璃搭建的围封式露台。

（3）加建层数

原有以钢筋混凝土或砖石建造，楼高 4 层或以上的村屋。原有的 3 层高新界豁免管制屋宇加建多 1 层或以上以钢筋混凝土、砖石或其他材料建造的楼层 / 搭建物。

（4）打通两幢

打通两幢紧密相的丁屋，从而变成每层面积超过 700 平方呎的丁屋。

2012 年 7 月[3]，林锦公路林村新村一所丁屋，天台搭有一个由铝材、发泡胶及帆布组成的上盖，面积约 700 平方呎。当时天文台正悬挂八号风球，刮起狂风大雨，上址村屋天台上盖被吹起卷上半空，掠过毗邻村屋天台，飞越 40m，跌落毗邻寓所前空地，幸无击中任何人。

### 13.3.2 申诉专员公署的控诉

于 2011 年[4]，申诉专员公署就新界丁屋充斥僭建物，15 年内三度发表报告，责备屋宇署和地政总署执法不力，申诉专员更斥责屋宇署一面严厉打击市区僭建，却一面放生新界丁屋。又指责屋宇署在 2002 和 2006 年两度放宽丁屋执法，及批评当局令僭建问题更加严重。

1 维基百科：新界小型屋宇政策网站 http://zh.wikipedia.org/

2 屋宇署：无僭建村屋 安居又幸福网站 http://www.bd.gov.hk/english/documents/pamphlet/VHWUBW_b.pdf

3 东方日报：杜苏芮卷走村屋天台上盖网站 http://orientaldaily.on.cc/cnt/news/20120701/00176_120.html

4 星岛日报：六成僭建村屋获「放生」网站 http://www.singtao.com/archive/fullstory.asp?andor=or&year1=2011&month1=4&day1=20&year2=2011&month2=4&day2=20&category=all&id=20110420a05&keyword1=&keyword2=

申诉专员公署指出屋宇署为纾缓丁屋申请积压，在 2002 年首先豁免对一些已建成少于 1 年的新建丁屋僭建作执法。到 2006 年又自行引入“在建工程政策”，对一些已完成混凝土架构及楼梯盖的建筑中僭建，即使未完工也视为实际完工，豁免纳入正在施工范围，不会采取执法行动。目前屋宇署按该政策，宽免个案由 2007 年的 283 宗升至 2010 年的 502 宗，4 年升幅逾 7 成，累积宽免近 1492 宗投诉，占正在施工的个案 6 成多。申诉专员对 2 个执法部门做事手法表示失望。

### 13.3.3 发展局的响应

据发展局估计[1]，新界村屋僭建个案数以万计。发展局局长林郑月娥曾于 2011 年年底表明政府会于 2012 年 4 月起，严厉执法取缔僭建丁屋，首轮目标是针对 3 层以上的丁屋。

2012 年 4 月 1 日，香港政府为阻止新僭建物的出现及保障新界村屋的楼宇结构安全，屋宇署展开“新界村屋申报计划”，并将新界分为 9 区，派员入村巡查，首轮取缔目标是针对 4 层或以上或的僭建村屋。

在“新界村屋僭建物申报计划”下，新界村屋的业主可为符合资格参加“申报计划”的僭建物向屋宇署申报。已申报的僭建物，除非有迫切危险，否则不会在首轮取缔目标执法阶段被强制实时清拆 。但是，有乡事委员会委员批评政府选择性实施登记制度，登记制度只适用于新界，对新界居民不公平。乡事委员会并号召原居民不要配合申报计划。唯发展局局长林郑月娥一再重申在新界村屋僭建的问题上会依法办事，不会有特赦。

据统计数字，计划实施逾 2 个月后，屋宇署收到约 100 宗申报。发展局局长林郑月娥表示，当局不会把僭建丁屋合法化，但容许透过申报保留结构安全的僭建物，初步估计有 80% 村屋僭建物，能透过申报制度保留至少 5 年。

近年香港楼宇僭建风波兴起，多个知名人物被揭发于他们的住所有僭建物，而涉嫌违反建筑物条例。而香港特区政府处理这些事件的手法亦引起公众高度关注。政府高官接连卷入僭建事件。如屋宇署未能一视同仁，便会削弱公众对政府的管治信心。

为避免争拟及确保楼宇结构安全，当遇到疑问或想对建筑物作出改建，应向专业人士查询或聘请专业人士作出申请。

1 维基百科：新界小型屋宇政策网站 http://zh.wikipedia.org/

# 第 14 章 银行楼按竞争激烈开拓按揭存款挂钩

## 14.1 在楼按市场上的竞争形势和策略

中原按揭经纪 董事总经理 王美凤

近年香港银行的资金出路及融资途径越见多元化，故银行无需如以往般过于侧重于经营本地楼宇按揭业务。2011 年内地企业纷纷来港融资，令银行需争相吸纳客户存款以增加资本，银行纷纷上调定存息率，从而令资金成本上涨，同时亦增加了贷息上升压力。上半年强劲信贷扩张推动港元贷存比率逐步上升至偏高水平，银行不得不在下半年放慢信贷步伐，这便造就了年内由 2 月至 11 月先后出现了 6 次楼按加息潮。

踏入 2012 年首季，银行在几项因素下，对于楼按业务重拾积极取态。首先是银行贷款增长减慢，导致港元贷存比率回落，反映银行资金已松绑。而传统上，银行普遍希望于年头尽早抢占按揭市场份额，早日达到楼按放贷目标。再者，农历新年后楼市明显转旺，带动物业交投量急速反弹，并推动楼价重拾升轨，巩固了银行承造楼按贷款的信心，银行更加希望抓紧这个楼市小阳春的时机争取新年度的按揭客户。

在这情况下，楼按竞争转趋激烈，为了增加竞争力，自 2 月起银行之间开始掉头出现楼按减息潮。对于已回升至 9 成市场选用比例的 P 按计划 ( 最优惠利率为基准之按揭计划 )，截至上半年，整体平均按息已由年初约 2.5 厘逐步降至 2.2 厘，减幅达 30 点子。部份银行更可为目标优质客户提供低至 2.15 厘之息率，现金回赠亦高达贷款额之 1%。银行眼中的优质客一般包括大额存款客户、供款能力高的客户、收入稳定的公务员等，银行多愿意提供较佳的按揭息率及条件，此类客户的信贷风险低，而且在其他环节的潜在需求较大，可为银行提供不俗的交叉销售机会。

然而，鉴于香港金融管理局于 2010 年曾就按揭息率下限向银行作出建议，而 P 按息率低至 P 减 3.1%(P 现为 5.25%；实际息率为 2.15 厘 ) 之折扣幅度已达下限，故银行基本上再下调 P 按息率空间无几。在这形势下，有银行自第二季起重新推出 H 按产品 ( 银行同业拆息挂勾之按揭计划 )，以增加按揭产品的选择及客户的注意力，按息可低至 H+1.8%，实际息率约为 2.1 厘，略低于 P 按息率水平。不过，从统计数字可见第二季市场 H 按选用比例仍仅处于约 5% 低水平，大部份客户始终偏重选择 P 按为主。由于银行同业拆息的波动性较大，故 H 按息率若非明显低于 P 按，实较难吸引用家使用。

银行楼按竞争转趋激烈下，市场一度揣测如 2009—2010 年之 H 按超低息年代会否重返。2008 年金融海啸后银行不得不主力经营楼按市场，当时资金泛滥，资金成本甚低，故银行为求争夺楼按生意，H 按息曾普遍降至 H+0.7%，实际息率低至 1 厘以下水平。此情况有别于 2012 年之环境，现时港元贷存比率虽已回落，但实质仍持续处于 80% 以上之水平，故银行取态上较重视合理息差回报，加上部份银行的定存息率仍然不低，从这点看来，按息再下调空间不大。

基于银行再调整按息的空间有限，不少银行进一步增加产品的多元化特性、加强配套服务及周边优惠以提升竞争力，例如是推出与高息存款挂钩的按揭产品、向出粮户口的客户提供较佳的按揭优惠等，此类推广一方面可借优惠吸引客户，另一方面亦有助银行加强存款基础，可谓达致双赢局面。其次亦有为按揭客户增加不同形式优惠如信用卡、保险及商户折扣等，而在服务层面上则再加以优化，例如是增添弹性按揭服务时间、预先按揭批核服务及缩短审批时间等。

图 14-1 近年各类按揭计划的选用比例走势图（2004—2012 年）

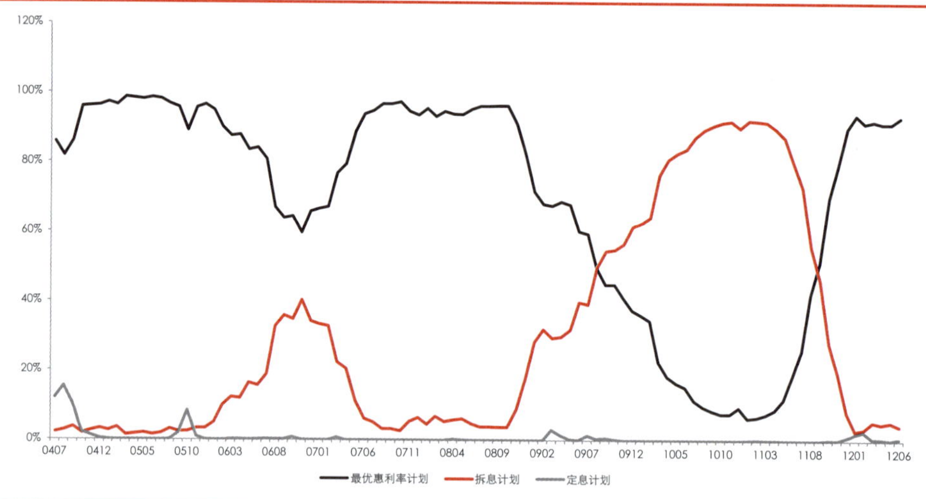


数据来源：中原按揭经纪研究部及金管局



## 14.2 银行积极推广按揭存款挂钩计划

中原按揭经纪 董事总经理 王美凤

自 2012 年 2 月起，楼按竞争转趋激烈，银行除了减按息以增加竞争力外，亦构思推出多元化产品吸引客户；踏入第 2 季，便相继有银行积极推广与存款挂钩的按揭产品。市场上此类计划分为 2 款，一款是借款人可于按揭银行获得一个高息存款户口，利息与按揭利率相同；由于目前一般存款息率仍近乎零，定期存息亦仅于 1 厘以下水平，故两厘多的储蓄利息已具一定吸引力。此类计划较适合有储蓄习惯或较常有额外存款的人士，假设按揭额为 300 万，按揭息率 2.3 厘，供款期 20 年，如借款人每月额外存款 4000 元作储蓄，以息率不变计算作参考，全期总储蓄利息便会多出一般户口约 15 万元。

此计划另一好处是无需担心资金被死锁，用家可以随时提存储蓄户口内的存款，而利息亦按每日户口结余计算。对于经营生意业务的人士，常有大额流动资金往来，又或一些持有较充裕资金作投资的人士，都很适合选用此类高息存款挂勾户口，按需要停泊资金于户口内赚息，便可轻易透过多赚的存款利息抵销部份按揭利息支出。此类计划一般设有存款金额上限，较常见是定于未偿还按揭额的一半。倘若存款金额超逾上限，部份银行仍可就超出之金额提供一般活期储蓄利息，但亦有银行是不会提供任何利息。

另一款是按揭存款相连的综合户口计划，借款人可因应自己的财政状况或储蓄习惯随时存钱于户口内，透过直接减低按揭本金，以节省利息支出，这样等同可随时偿还按揭本金，而无需如传统按揭计划般收取部份还款手续费或罚息。而且，借款人亦可随时动用有关额外供款，按揭利息是按每日贷款净结余计算，故弹性甚高。这计划较上述高息存款户口计划还多一个优点，用家可藉扣减本金从而缩短还款年期。同样以按揭额 300 万元，按息 2.3 厘，供款期 20 年及借款人每月额外存款 4000 元于综合户口作为例子，全期利息可节省达 19 万元，还款期亦由 20 年缩短至约 15 年，借款人可加快完成整个供款历程。计划中的存款金额上限一般亦定为未偿还按揭额的一半，若超逾上限，银行或会要求借款人支付存款服务月费或手续费。

在 2012 年，银行更加积极地吸纳客户选用这类按揭计划，更有银行创新地提供港币及人民币存款挂钩计划。由于选用这类按揭计划的客户多属于资金较充裕或较多资金往来的中产人士、投资者或经营生意人士，故银行策略上推广这类按揭计划的好处是可以吸纳特定优质客户，并有助增强存款基础及资金流。事实上，虽然年内港元贷存比率呈下降趋势，但仍处于超过 80% 的水平，反映银行争取客户存款的意欲仍强。

按揭存款相连计划的息率一般略高于传统计划约 0.15 厘至 0.25 厘，现金回赠亦稍逊，若未能好好运用有关特点，则只会有反效果，就是要支付较多的利息支出。不过，在银行的积极推动下，现时这类计划的按息已与一般传统计划的息差逐步收窄，有个别银行更可提供低至 P-3.1%(P 为 5.25%；即 2.15 厘 ) 之按息予这类计划的客户，现金回赠亦高达贷款额之 1%，变相与市场按息及回赠水平看齐。换句话说，客户可享低贷息兼额外高回报之优惠，即使借款人未能维持存款习惯以达悭息之效，亦不会有利息方面的损失。

按揭存款挂钩计划与一般按揭计划比较　　表 14-1

**按揭存款挂勾计划与一般按揭计划比较**

假设贷款额 300 万港元，年期 20 年，利率同样 2.3 厘，每月额外存入 4000 港元。

( 现时活期存款利率为 0.01 厘 )

| | 高息存款户口按揭计划 | 一般按揭计划 | 按揭存款相连综合户口 | 一般按揭计划 |
|---|---|---|---|---|
| 年利率 (%) | 2.3 | 2.3 | 2.3 | 2.3 |
| 每月供款 ( 港元 ) | 15606 | 15606 | 15606 | 15606 |
| 特惠利率存款账户年利率 (%) | 2.3 | --- | --- | --- |
| 一般港元活期存款年利率 (%) | 0.01 | 0.01 | --- | --- |
| 全期按揭利息支出 ( 港元 ) | 746136 | 746136 | 555048 | 746136 |
| 全期存款利息收入 ( 港元 ) | 152616 | 962 | --- | --- |
| 全期净利息支出 ( 港元 ) | 593520 | 745174 | 555048 | 746136 |
| 节省利息支出 ( 港元 ) | 151654<br>( 节省 20%) | ---<br>--- | 191,088<br>( 节省 26%) | |
| 还款期 | --- | --- | 183 个月<br>( 缩短 57 月 ) | 240 个月 |

数据来源：中原地产研究部

# 第 15 章 九龙东、启德两大区域规划

## 15.1 启动九龙东

中原地产研究部

### 15.1.1 缘起

香港特区政府于 2011 年 10 月 13 日公布“起动九龙东”计划，提出如何增加香港写字楼供应以支持香港经济发展。

在过去 30 年间，香港的写字楼楼面面积不断增加，但近 10 年增加的比例，较过去 2 个 10 年为少。再分析过去 10 年的写字楼供应，如果各商业机构也期望设在传统核心商业区，是有点不切实际。因为在数量上的增加，中环仍有轻微增加，例如有些重建项目，但湾仔及铜锣湾基本上已经饱和，过去 10 年主要的供应增加均于观塘和九龙湾一带，由 10 年前的大约 40 万 $m^2$，增加至 140 万 $m^2$。

目前写字楼空置率仍然不算太低，整体写字楼的空置率是 8%，甲级的较整体还要高一点，是 8.5%。在 2008 年底的金融海啸后，2009 年的空置率突然大幅上升，但随着经济很快复苏，写字楼的供应开始紧张，这反映在下降的空置率方面。空置率特别是在中环是紧张的，截至 2010 年底，中环写字楼空置率是 4.8%，所以中环的需求是紧张的。

经过金融海啸后，整体写字楼租金和售价也曾经下跌，但很快便上升，特别是售价的升幅，远较租金的升幅为大。自从推出活化工厦的政策后，工厦的售价上升远快于租金的上升。另外，在甲级写字楼方面，基本上与整体的写字楼情况差不多，甲级写字楼的升幅不论在租金和售价上也大致一样。

很多对于核心商业区或甲级写字楼的需求来自跨国公司，比较过去 10 年，来香港设置本地办事处和跨地区总部的公司明显上升的。特别是跨地区总部（Regional Headquarters），在 10 年间的升幅是 50%，较本地办事处成立增加得更快。

随着国家“十二五”规划支持香港继续巩固其作为国际金融、贸易、航运中心的地位，并发展成为国际资产管理和离岸人民币业务中心，香港作为跨国公司基地的吸引力将大大提高。要维持香港的地位和长远发展，必须要有稳定而充足的优质办公室供应。

有关香港办公室楼面面积的供应，早于 2007 年特区政府已经制定策略，这个策略从 3 方面入手：第一是继续巩固香港的核心商业区，即传统的核心商业区，例如中环、湾仔、金钟、尖沙咀一带等，应该要争取重建和发展机会，在这些核心商业区增加供应。但亦要面对现实，因为在核心商业区已发展的空间已经不多，亦要将政府写字楼搬离核心商业区，以腾空一些土地给企业运用。另外是要在核心商业区以外发展新办公室枢纽。

### 15.1.2 第 2 个核心商业区

香港传统的核心商业区已经无法满足经济增长对于写字楼的需求，所以我们必须要开拓另一个核心的商业区——九龙东。英文是 Kowloon East，不是东九龙。1960 年代当香港工业起飞时，加上启德机场，邻近的官塘是一个蓬勃的工业区，到今日，启德机场已搬了，启德发展已经上马，今日的九龙东是包括启德发展区、观塘和九龙湾。

启德发展区是一个综合性的发展，它不是单纯的写字楼区或商业区。住宅的楼面面积有约 200 万 $m^2$，可提供 3.32 万个单位，其中 1.3 万个是公屋单位，总人口大概 9 万，亦有约 100hm$^2$ 作休憩空间。非住宅楼面面积亦很多，有 200 万 $m^2$ 是非住宅楼面面积。

启德已经进入了建筑期。政府在 2010 年 3 月成立了启德办事处，加快实施步伐及提升启德在规划和设计方面的效率。启德发展区现正进行的工作，除了是广泛报导的邮轮码头和首个泊位，1.3 万个公共房屋单位，和香港第一个环保区域供冷系统第一期。还有其他前期的基建工程，现在正进行中。这一系列的第一期工程将会于 2013 年完成。整个启德项目分 3 阶段，希望在 2021 年全部会完成。

在启德对面的九龙湾和观塘，过去十多年一些私人发展商，已率先把握时机将九龙东作转型。九龙湾和观塘一些很熟悉的地标建筑物，有些是商业大厦，有些是购物中心，所以区内现已有 140 万 $m^2$ 的办公室，绝大部分是甲级的写字楼。

启动九龙东有一个标志叫"CBD2"，启动九龙东都是有 4 个大主题，第一是 Connectivity，第一个"C"，即是说九龙东的连系是非常重要；第二个是品牌 Branding；接着有 2 个"D"，一个是 Design，九龙东的城市设计、街景、绿化；第四是 Diversity，是多元化。中区都是香港第一个核心商业区 CBD1，东九龙是香港第 2 个核心商业区 CBD2。

第一在连系方面，包括环保连接系统和行人系统；第二品牌是包括在街道上的艺术展品，以至一些有地标式的建筑物；第三就是城市设计方面的绿化、景观；第四是多元化，整个启德、观塘和九龙湾是很有条件发挥商业以外的活动，例如一些水上活动、海滨食肆等。

### 15.1.3 行动区

要启动九龙东不能单靠私人市场的力量，政府亦要参与。第一个政府措施是检讨这片土地上的用途，启德发展区的检讨大致上已经做完，已经再提交予城市规划委员会，对启德 320hm$^2$ 土地的发展作些修订，特别是在文物保护方面，因为要保护龙津石桥。另外属于九龙湾和观塘的 168hm$^2$ 土地中，有些地方需要重新检视土地用途，特别是 2 个行动区，2 个也是政府土地，透过释放这 2 个行动区的土地，会为九龙东注入新的空间以作起动。

第一个行动区位于海滨道，海滨地道盘大约 6.4hm$^2$，目前由政府设施占用，包括运输署的汽车检验中心，以及垃圾转运站，均是一些不受欢迎的设施，但霸占了海滨地段，所以我们建议将它们迁移，将这 6.4hm$^2$ 的土地发展成全新的活力枢纽，这与环保系统亦有连系，因为车厂可能会放在这个地段内。

第二个行动区位于今天的观塘渡轮码头海旁发展地盘，这个地盘比较小，但位处海边，现时是一些休憩空间和汽车驾驶学校，我们觉得有条件发展成近海滨的低密度建筑，例如是文化艺术的小型设施或餐饮业，借以加强该区人流。

除了这 2 个行动区，今日的九龙湾和观塘仍有 9 幅政府用地未发展或未被善用，即是有些用途但并非最好的用途，这 9 幅用地共占地 5hm$^2$，亦可以随“启动九龙东”投入发展。英文称这些地方为 solution spaces，即如果决定在这里发展，但需要一些空间时，便可以利用这 9 幅用地。

另外一个措施是检讨用地的策略，是将现时位于传统核心商业区的政府写字楼搬到九龙东，率先落实的就是启德政府办事处。启德政府办事处将于 2013 年动工，2014 年完成，大约 5 万 m$^2$，为 11 个政府部门提供写字楼，有些是在当区服务市民，有些是办事处，例如工业贸易署重置的写字楼。将湾仔 3 幢政府大楼搬走，以腾空核心商业区，所以在启德预留了 2 幅地，以重置湾仔的政府写字楼，大约可兴建 9.95 万 m$^2$。政府亦会在近太子道东地带建设一些政府写字楼。

### 15.1.4 环保连接系统

为了解决区内的交通，在启德分区计划大纲图预留了以铁路为主的环保连接系统，称为 EFLS。为了要配合将九龙东打造为核心商业区，希望能利用这环保系统将启德新区与九龙湾、观塘旧区紧紧连接起来，亦希望借此能达到催化九龙湾和观塘旧区活化的功能。

政府考虑过在旧区内有发展潜能地点的位置，包括行动区一和行动区二，亦比较过不同的走线，最后决定选择一条很简单的走线。这走线首先连接启德新发展区主要的发展项目，然后伸延至九龙湾，另外亦伸展至观塘，令新旧区能很紧密地连接起来。

环保连接系统亦会连接 3 个港铁站，第一个是观塘站，第二个是九龙湾站，另外一个是将来沙中线的启德站。透过连接这 3 个港铁站，将九龙东和香港其他地方紧紧连接起来。

由于由九龙湾至观塘这一段港铁现时是高架设计，利用高架的单轨列车作为环保连接系统，是较为合理的布局。一方面能够提供全天候、方便、舒适、同时是零排放的接驳，另一方面它可以给予九龙东这地区一些特色，令其吸引力增加。

初步设计，环保连接系统全长约 9km，有 12 个站。在繁忙时间约 2 分钟一班车，每一列车有 2 卡，总乘客量约 250 人，至 2031 年，估计每日总流量为约 20 万人次。根据 2010 年的价格计算，现时初步估计建造费用约 120 亿港元。

详细的走线，首先由观塘站开始，这一段我们有两个方案，一是开源道方案，另一是敬业街方案。主要原因是这一段结构上需要占用路面范围，所以要做详细的研究工作才能决定那个方案的可行性较高。但当然开源道的方案比较直接，它不但可以直接连接观塘站，它亦可透过观塘站跟对面观塘市中心的重建项目连接起来。随后经过行动区二，然后经过一条跨过启德水道的大桥至旧机场跑道南端的邮轮码头和旅游中心。由观塘站至跑道南端这一段，暂时的构思是两层的，一层是行轨道交通，另一层是行人的，行人走到跑道南端，可以乘升降机到地面。接着是跑道的商住区，一面是住宅，另一面是商业用途。然后是都会公园，紧随着是多用途体育馆区，隔邻是私人住宅区，在这里会有一个站。然后到沙中线启德站的车站广场，政府写字楼就是在这部分。之后便进入公共房屋区，转入丽晶花园，便到宏光道，再去九龙湾已经开始慢慢成型的商贸区。再去到行动区一，在行动区一可建车厂和车站，上盖发展已有接近 50 万 m$^2$ 总楼面面积。另一方面，这个行动区一亦可利用高架行人天桥与在这一部分现时已有私人发展商自己策划的行人天桥网连接起来，到达九龙湾站。

启德发展分 3 期，最后一期至 2021 年才完成，要配合启德发展，最早通车年期估计是 2023 年。但启德发展分 3 期，第一期在 2013 年完成，包括刚才提到的公共房屋和邮轮码头，所以在 2013 年至通车的这段过渡期，政府会考虑用其他的环保交通工具，如混能车、电动车等。

### 15.1.5 区内其他建设

除了这个单轨列车外，在区内行人的通达性也可以改善，这亦是初步构思，是由 5 个发展商于九龙湾自行设计及斥资兴建行人系统，不过由政府配合进行刊宪、批准的工作，往后可以由德福花园一直行到 Mega Box，全长约 550m，一共由 5 个发展商负责。

推广多元化方面，利用行动区二发展海滨食肆、娱乐场所、艺术创作室等。启德水道非常有条件作为水上运动或泊船（marina）等设施。另外，政府亦会寻求在旧工业区有没有保育旧工业建筑的机会。

要吸引人流，要成为多元化的商业区，要有很多人想要到这个地方。今天九龙湾有一些展览中心、娱乐中心，很多人放假或周末会到九龙湾，政府亦会在这儿做一些配合的工作，例如香港第一幢零碳排放的建筑物及休憩空间，由建造业议会负责兴建，于 2012 年 6 月开幕，占地有约 1.47hm$^2$，被现时已转型的商业大厦包围，期望将来市民逛街、看戏时，亦有休憩空间让小朋友看一看这幢有教育意味的低碳建筑。

要创造一个新的地标，包括绿化的设施、优化的街景，及提升现有的休憩空间。最重要便是 11km 的海滨长廊，继 2010 年观塘海滨长廊第一期约 200m 启用后，稍后会建设第二期观塘海滨长廊，较第一期长 3 倍，整条海滨长廊预计在 2014 年可以启用。

起动九龙东会增加 400 万 m$^2$ 的商业楼面面积，当然有 106 万 m$^2$ 来自启德，大概 290 万 m$^2$ 来自九龙东。再者，观塘及九龙湾透过新地盘的建设及旧工厦的活化或改装；加上观塘、九龙湾现有的 140 万 m$^2$；九龙东最大潜力会提供 540 万 m$^2$ 商业楼面面积。大概等于今日 2 个中环，中环约有 280 万 m$^2$ 商业楼面面积。

图 15-1 香港启动九龙东规划图

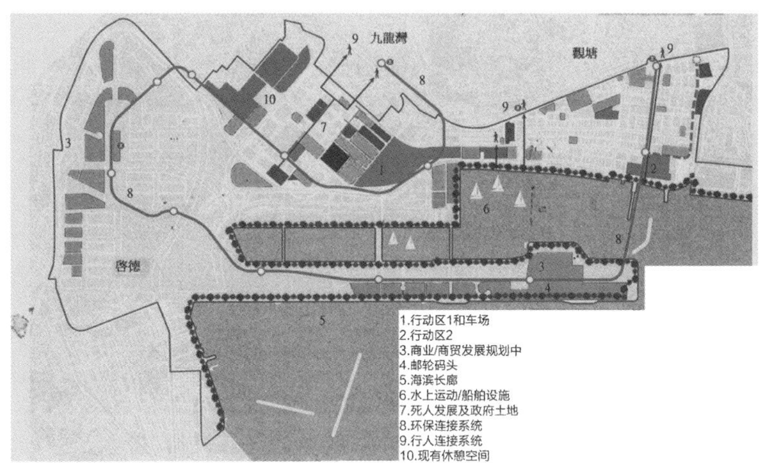


启动九龙东概念图

数据来源：中原地产研究部

## 15.2 启德发展计划

中原地产研究部

启德发展计划是一项规模宏大和相当繁复的发展项目，规划范围总面积逾 320 $hm^2$，包括前机场用地，以及毗连九龙城、黄大仙和观塘一带的腹地。经过全面的规划和公众参与活动后，启德发展计划的最终方案糅合了小区、房屋、商业、旅游和基建用途。

香港国际机场在 1998 年 7 月搬迁至赤鱲角，位于市区的机场旧址提供了一个很好的发展机会。可行性研究在 1998 年完成之后，根据市民对海港填海工程的关注，在 2001 年推出一个经修订的计划。然而，在 2004 年 1 月终审法院的裁决裁定，任何建议的填海工程只可以是有“凌驾性公众需要”。为了符合法院的决定，政府在 2004 年开展启德规划检讨并以“零填海”为出发点，进行了广泛的 3 阶段公众参与计划，达致一个初步发展大纲图。经过几轮公众咨询，辅以城市规划委员会指导，制定了法定的启德分区计划大纲图，并由行政长官会同行政会议于 2007 年 11 月 6 日通过。

启德发展工程研究建议，检讨和评估启德发展计划的主要元素，并达致 1 个建议发展大纲图及设定 3 个重要的里程碑，分别是 2013 年、2016 年和 2021 年。基础设施将主要是由土木工程拓展署负责，而个别项目的发展，将由其他部门负责。

根据启德发展工程研究的详细评估，建议发展大纲图的启德发展计划无论在规划、工程、交通、海事、实施、可持续发展和环境方面都是可行的。

在环境影响评估条例下，环境影响评估报告已经提交，并于 2009 年 3 月 4 日获得批准。报告中显示，在缓解措施实施后，在启德发展计划的建设或运营阶段都将符合环境标准和法规。

启德发展计划规模庞大、项目多元，总规划面积超过 320$hm^2$，在维港畔提供一幅最辽阔的土地。该计划秉承以人为本的原则，增强市民和海港的连系，为大约 8.6 万名居民提供优质生活环境，使九龙城、黄大仙和观塘等邻近地区再展活力姿采。此外，启德发展计划实行可持续发展，并建设完善的休憩处和公园网络，供市民使用。

启德办事处的设立是为了带领和监督启德发展计划的协调和推展工作，让计划能按预定时间表进行。由于公众期望启德发展计划具备优质的设计，启德办事处专员和他的专业团队将掌握启德发展计划的工程细节和进展，就计划的设计发展工作快速及直接提出意见，使有关工程顺利实施。启德办事处专员将倡导各方面的工作，重点加强与公众的互动，特别是下列领域的工作：

(1) 在紧迫的时间表下中央协调实施启德发展计划和附近地区的大型工程项目相互配合

(2) 密切策导启德发展计划基础设施工程的设计发展以配合公众参与／咨询工作

(3) 积极加强启德发展计划的环保措施，并配合施工时间表

(4) 保育文物和加强与旧区的融合

(5) 推展城市及园景设计以实现启德发展计划的规划愿景

启德发展包括政府，机构及小区设施，住宅和商业和广泛的休憩用地网络。一个完善的基础设施的发展计划已被建议来支持启德发展并且在 2013 年或以后分阶段完成。

香港启德主要基础设施一览表　　表 15-1

| 年份 | 主要设施及发展 |
|---|---|
| 2013 | 邮轮码头的首个泊位及跑道公园 |
| | 公共租住房屋 |
| | 第一阶段的区域供冷系统 |
| 2013 以后 | 邮轮码头的第 2 泊位及旅游点 |
| | 沙田至中环线（大围至红　段） |
| | T2 主干路 |
| | 第 2 阶段的区域供冷系统 |
| | 医院 |
| | 多用途体育场馆 |
| | 整个区域供冷系统 |
| | 都会公园 |

香港启德发展计划进展　　表 15-2

| 计划内容 | 进度 |
|---|---|
| 启德发展计划—在旧启德机场南面停机坪进行清拆和净化工程，以及在北角政府合署安装辅助雷达 | 已完成 |
| 启德发展计划工程检讨 | |
| 启德发展计划—前跑道南面发展项目的前期基础设施工程第 1 期 | 进行中 |
| 启德邮轮码头土地平整工程 | |
| 启德发展计划—启德机场北面停机坪第 1 期基础设施 | |
| 启德邮轮码头发展的邮轮码头大楼及辅助设施 | |
| 九龙城污水截流计划 | |
| 启德发展计划—前跑道发展项目的余下基础设施工程 | 计划中 |
| 启德发展计划—启德明渠进口道及观塘避风塘的改善工程 | |
| T2 主干路 | |
| 启德发展计划—启德机场北面停机坪的基础设施 | |
| 启德发展计划—前跑道南面发展项目前期基础设施工程的勘测和详细设计 | |
| 启德发展计划—前跑道南面发展项目的前期基础设施工程 | |
| 中九龙干线 | |
| 沙田至中环线 | |

香港启德发展计划明细数据 (2011 年 7 月 5 日 ) 表 15-3

| 类别 | 面积（万平方呎） |
|---|---|
| 总地盘 | 约 3501 |
| 住宅用地 | 约 387.5 |
| 住宅楼面 | 约 2201 |
| 写字楼楼面 | 约 950 |
| 零售楼面 | 约 485 |
| 酒店楼面 | 约 377 |
| 总楼面 | 约 4013 |
| 拟额外增加楼面 | 约 40 |
| 政府、机构或社会用地面积 | 479 |
| 拟额外增加用地面积 | 24( 增幅约 5%) |

注：首幅私人住宅用地推出日期为 2013 年

图 15-2 香港市启德发展规划图

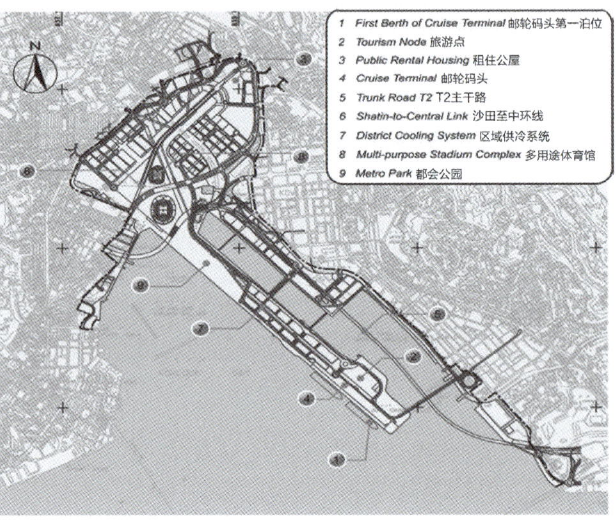


数据来源：中原地产研究部

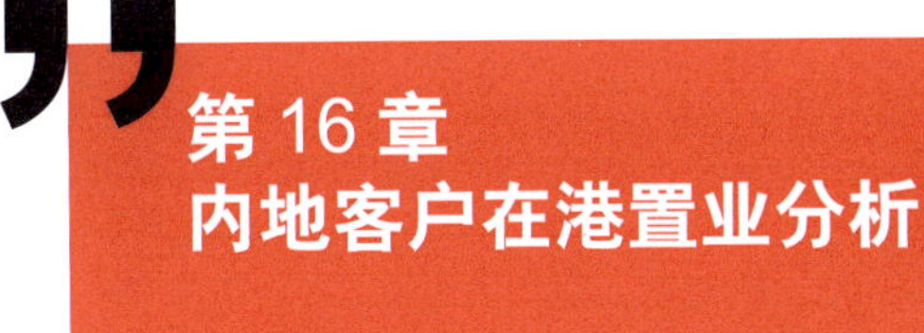

# 第 16 章 内地客户在港置业分析

## 16.1 内地买家比例 2012 连跌 2 季 累跌 4.7 个百分点

中原地产研究部

2012 年以来，香港整体私人住宅市场，内地个人买家比例连跌 2 个季度。半年间占金额比例累跌 7.5 个百分点，下降至 16.8%，占宗数比例累跌 4.7 个百分点，下降至 9.7%。因应全球持续量化宽松，大量本地用家积极入市买楼，降低内地买家比例。另外，上半年发展商推盘受阻，多个大型新盘未能如期推出，未能吸引内地买家入市。

2012 年第 2 季一手私人住宅市场，已知内地个人买家比例。占宗数比例按季明显下跌 6.2 个百分点，下降至 25.1%。占金额比例按季下跌 0.9 个百分点，有 36.7%。

第 2 季二手私人住宅市场，已知内地个人买家比例。占宗数比例按季微升 0.4 个百分点，有 7.8%。占金额比例升 1.9 个百分点，有 11.0%。

一手市场内地买家跌幅较显著，而二手市场却有微升。整体而言，第 2 季内地买家占宗数及金额比例按季均下跌 1.1 个百分点，分别有 9.7% 及 16.8%。

香港私人内地个人买家按季统计　　表 16-1

| 年 / 季度 | 一手 | | 二手 | | 整体 | |
|---|---|---|---|---|---|---|
| | 宗数占比例 | 金额占比例 | 宗数占比例 | 金额占比例 | 宗数占比例 | 金额占比例 |
| 2007/Q1 | 6.3% | 9.7% | 3.7% | 4.0% | 4.0% | 5.0% |
| 2007/Q2 | 6.0% | 7.9% | 3.8% | 4.5% | 4.2% | 5.6% |
| 2007/Q3 | 11.5% | 11.7% | 4.3% | 5.2% | 5.7% | 6.9% |
| 2007/Q4 | 13.9% | 18.8% | 4.6% | 6.0% | 5.9% | 8.8% |
| 2008/Q1 | 9.5% | 10.6% | 3.8% | 5.3% | 4.7% | 6.4% |
| 2008/Q2 | 8.0% | 10.9% | 4.4% | 6.0% | 4.7% | 7.3% |
| 2008/Q3 | 7.0% | 9.5% | 4.5% | 5.4% | 4.7% | 5.9% |
| 2008/Q4 | 7.1% | 10.4% | 4.6% | 5.9% | 4.9% | 6.9% |
| 2009/Q1 | 11.6% | 20.7% | 5.5% | 7.8% | 6.0% | 10.3% |
| 2009/Q2 | 8.5% | 12.8% | 5.6% | 7.8% | 6.2% | 9.2% |
| 2009/Q3 | 9.9% | 13.8% | 5.7% | 8.5% | 6.3% | 9.7% |
| 2009/Q4 | 15.5% | 21.9% | 5.7% | 7.7% | 6.6% | 10.9% |
| 2010/Q1 | 12.0% | 17.1% | 5.3% | 7.4% | 6.1% | 9.3% |
| 2010/Q2 | 21.9% | 26.3% | 6.3% | 9.5% | 7.6% | 13.0% |

续表

| 年 / 季度 | 一手 | | 二手 | | 整体 | |
|---|---|---|---|---|---|---|
| | 宗数占比例 | 金额占比例 | 宗数占比例 | 金额占比例 | 宗数占比例 | 金额占比例 |
| 2010/Q3 | 22.1% | 28.0% | 5.6% | 8.0% | 6.8% | 12.1% |
| 2010/Q4 | 24.6% | 32.1% | 7.5% | 11.0% | 8.7% | 14.6% |
| 2011/Q1 | 21.8% | 26.4% | 7.2% | 10.3% | 8.0% | 12.5% |
| 2011/Q2 | 27.1% | 36.1% | 9.2% | 13.1% | 11.8% | 19.4% |
| 2011/Q3 | 42.0% | 51.0% | 10.1% | 14.4% | 12.7% | 23.8% |
| 2011/Q4 | 27.9% | 35.3% | 10.1% | 15.2% | 14.4% | 24.3% |
| 2012/Q1 | 31.3% | 37.6% | 7.4% | 9.1% | 10.8% | 17.9% |
| 2012/Q2* | 25.1% | 36.7% | 7.8% | 11.0% | 9.7% | 16.8% |

*2012Q2 截止于 6 月的临时数字

注： 1) 整体一手与二手私人住宅不包括公屋、居屋及夹屋

2) 对已知买家资料的买卖登记进行统计

3) 内地买家只限于个人，不包括公司

4) 内地买家是以汉语拼音名字为准

数据来源：中原地产研究部



图 16-1 香港私人住宅内地个人买家整体金额及宗数占比

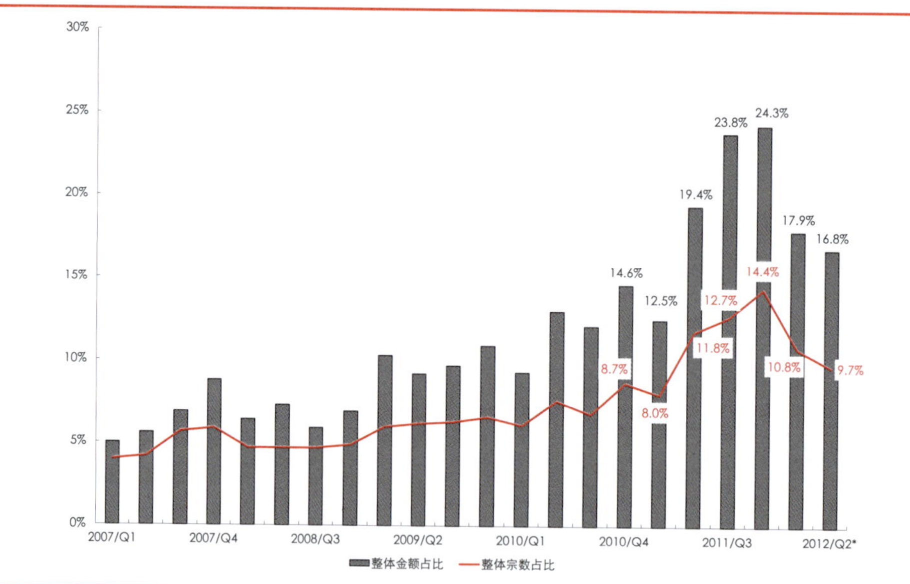


*2012Q2 截止于 6 月的临时数字

注： 1) 整体一手与二手私人住宅不包括公屋、居屋及夹屋

2) 对已知买家资料的买卖登记进行统计

3) 内地买家只限于个人，不包括公司

4) 内地买家是以汉语拼音名字为准

数据来源：中原地产研究部

图 16-2 香港私人住宅内地个人买家一、二手金额及宗数占比

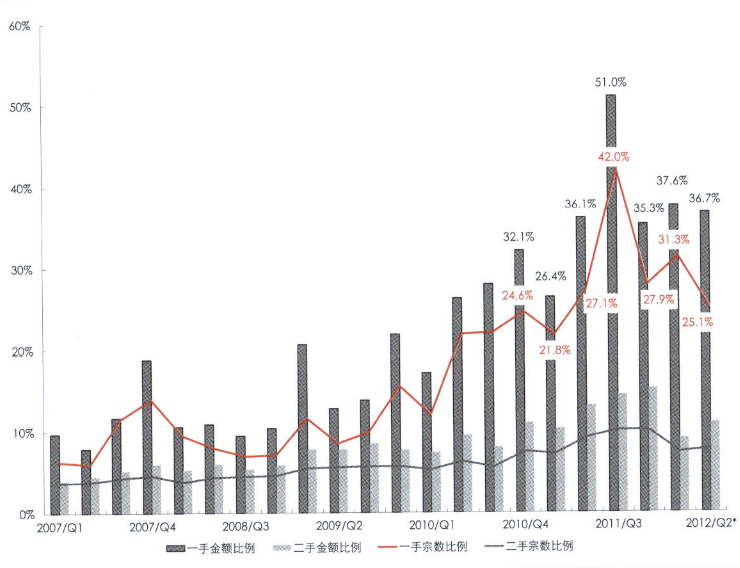


*2012Q2 截止于 6 月的临时数字

注：1) 整体一手与二手私人住宅不包括公屋、居屋及夹屋

2) 对已知买家资料的买卖登记进行统计

3) 内地买家只限于个人，不包括公司

4) 内地买家是以汉语拼音名字为准

数据来源：中原地产研究部

## 16.2 内地客户购入香港物业种类更趋多元化

中原地产项目发展及投资部 联席董事 林悦丰

过去几年，内地客户积极投放资金到香港房地产市场，而近期内地客户购买的物业种类更趋多元化。无论是新盘或二手市场，豪宅或地区大型屋苑，以至商业大厦或铺位，都可以见到他们入市的踪迹。

住宅新盘物业仍然是内地客户来港置业的首选，根据中原地产研究部数据显示，2012 年第 1 季度香港整体私人住宅市场买卖合约的内地个人买家，占整体宗数比例达 10.6%，而占整体金额比例有 17.4%，其中第 1 季一手新盘私人住宅市场的内地个人买家，占宗数比例达 31.0%，而占金额比例达 37.3%，分别较 2011 年第 4 季上升 3.1 个百分点及 2 个百分点。由此可见，现时内地买家在香港房地产市场相当活跃，在一手新盘市场的角色更相当吃重。

鉴于内地买家喜欢购买香港新盘物业，近年不少香港发展商亦积极以不同形式吸纳内地客源，以往发展商主要是透过地产代理的内地销售网络推广香港物业，鼓励地产代理推介内地客户来港购买新盘物业。近年不少大型发展商更进一步，在深圳、广州及上海等内地大城市开设香港新盘展示中心，主力在当地展示及推广旗下香港新盘，并有专人为客户详细介绍物业资料，内地客户在未到香港实地考察楼盘前，已经可以率先了解这些新盘物业的数据。此外，不少发展商亦会参加内地大城市的房产展览会，甚至在豪华酒店或高级购物商场举行新盘展示会，现时在内地的报章杂志也不难看见香港新盘广告，可见香港发展商相当重视内地客源，比过往更主动地透过不同形式走进内地吸引客户来港置业。

图 16-3 香港楼盘向内地客户推介

香港新盘向来受内地客户欢迎，每次新盘开售均可看见他们的踪迹

香港发展商悉心布置展示中心，并有专人为内地客户详细介绍物业

香港发展商在内地商场举行新盘展示会，积极向内地客户推介香港新盘

近年不少内地客户来港置业亦会选择校区房，他们看好香港教育制度完善，两文三语的语言及国际教学环境有助下一代的教育成长，为了让子女在香港接受教育，内地家长在香港置业往往会首选名校林立的地区。此外，近年亦有不少内地子女跨境到香港上学，有些家长为免子女每天跨境舟车劳顿，亦会选择在学校附近购买住宅物业予子女居住，这类成交集中在新界北区及东铁沿线的物业，而区内的楼龄较新及住客设施齐备的屋苑物业更成为客户的首选！

过去几年内地客户在香港主要以购买住宅物业为主，自从前年香港政府向购入 2 年内转售的住宅物业征收额外印花税后，大大打击住宅物业的短期抄卖活动。因此，不少内地资金开始转投没有相关转售限制的工商及铺位物业市场，加上香港的工商及铺位物业市场受惠于香港的强劲经济发展，近年物业交投量及楼价均节节上升。以铺位市场而例，受旅游业及内地个人游计划带动，香港的铺位物业楼价及租金均大幅攀升，其中铜锣湾、中环及尖沙咀等购物热点尤其炽热，有些地段如铜锣湾罗素街的租金更可媲美世界知名的纽约第五大道及巴黎香榭丽舍大道。与住宅物业相比，工商及铺位物业售价及租金升幅更为可观，因此不少具实力的内地资金亦大举进入工商及铺位物业市场。2012 年较为瞩目的成交包括内地建筑商以港币 11.5 亿港元购入铜锣湾波斯富街 108 至 120 号地下至二层的一篮子物业，另外，中国农业银行亦以港币 48.8 亿港元购入中环干诺道中 50 号全幢商业大厦，反映内地资金加大投资在香港工商及铺位市场。

现时内地房地产市场的调控措施尚未放松，内地客户为资金寻找出路之下，香港房地产市场仍会是他们的理想投资选择，而随着内地客户对香港房地产市场加深认识，他们来港置业的选择将更趋多元化，而住宅及工商铺位物业市场将同样受惠。

# 第 17 章 澳门房屋政策须着力解决供不应求

中原（澳门）董事 石宝德

近年澳门楼市随着经济起飞而高速发展，社会各界对此存有不同意见，为响应各界的要求，稳定楼市健康发展，特区政府多次推出楼市调控政策，而 2012 年对楼市影响最大的房屋政策必定要数额外印花税政策（简称”SSD”）以及《承诺转让在建楼宇的法律制度》（简称”一手楼花规管政策”）。

17.1 额外印花税政策（简称”SSD”）

参考邻埠香港的楼市调控政策，澳门特区政府于 2011 年 6 月开始实施 SSD，政策实施初期，的确可冷却当时的楼市，打击炒卖现象，然而长远而言，政策的效应令成交周期延长，从而使市场二手供应量渐趋短缺，最终刺激楼价上升。据中原（澳门）数据显示，2012 年上半年楼价持续上升，四、五月份更录得累积升幅约 15%。事实上，澳门市场的炒卖情况只属个别现象。SSD 实施前，经中原（澳门）促成的确认人炒卖转售交易（即”摩货”）平均每月不到 1 宗。反观香港，二手私人住宅”摩货”比例 2010 年平均每月 180 宗，占 1.5%~2.4%，两地楼市实际情况不同，完全沿用香港的 SSD 政策，只会令政策的方向偏向针对炒家，并不能针对澳门楼市盘源短缺的根本问题。

17.2 一手楼花规管政策

“一手楼花规管政策”指《承诺转让在建楼宇的法律制度》。早于 2010 年“刘十招”[1]中，已提出规管楼花买卖，经过一年多的草拟、咨询，政策有望在 2012 年下半年实施。政策规管范围包括：发展商完成楼宇地基、地库及地面层楼板工程，且已作临时分层登记才可获准销售楼花；购买者自购买或按揭之日起的 30 日内必须登记等。一手楼花规管政策可令楼花的买卖得到规范，也可使交易信息更透明、公开，但另一方面由于要办妥临时分层登记才可销售，相信届时会因为冗长的登记程序而拖慢楼花销售，令未来的一手楼花供应量受影响而减少。

澳门楼市的根本问题源于供应量不足，澳门弹丸之地，土地资源本已短缺，加上近年本地居民收入增加，据澳门统计暨普查局数据显示，本地就业人口每月收入中位数已升至 11000 澳元，对于换楼改善生活质素的需求及负担能力都大大提高，而且澳门本地居民中拥有自置物业的比例高达 7 成，当持有的物业升值了，自然希望套现换楼提高住屋质素。另外，澳门外来人口也不断增长，截至 2012 年 5 月为止，澳门外地雇员人数已超过 10 万人，随着澳门整体基建及各行业的发展，未来外地雇员的数量相信会继续攀升。整体住屋需求正有不断上升的趋势，然而，住宅供应量却趋向短缺，SSD 效应令二手住宅供应减少，而一手市场供应又因为一手楼花规管政策的实施而受影响，2 个政策双管齐下，物业供应量势将出现断层，使盘源更加紧绌，在供应量减少，市场需求却有增无减的情况下，楼价将无可避免继续攀升，情况与香港相似。（图表：收入中位数、外地雇员）

1 刘十招：澳门运输工务司司长刘仕尧公布遏止炒房措施

要解决楼价上升过快问题，政府应首先从土地供应着手，增加公开土地招标的方式为市场适度地增加土地供应。过去政府当局也曾考虑透过活化旧区重建增加土地供应，但由于法律规定必须统一 100% 业权才可重建发展，这无疑令活化措施难以执行，建议当局考虑参考香港收购 80% 业权便可申请强拍，这对活化旧区措施将起更大作用，是增加土地供应的其中一个较快捷的方法。另外，现时土地发展规划未完善，发展商入则发展，需符合极多条件才获审批，既要符合街影光线，也需符合高度限制及环保因素等等，导致发展商入则开发土地困难重重，而且审批进度缓慢，以及楼宇落成后收则发入住许可证也需经过多个部门批核，这些程序也间接造成市场供应量延误，建议政府重组审批程序，把行政手续处理程序变得更具效率。

刘仕尧司长调控楼市十招　　表 17-1

| | |
|---|---|
| 1 | 取消 0.5% 中间转移税，改为直接征收物业转移税 |
| 2 | 加强税务稽查 |
| 3 | 330 万以上物业最高获 7 成按揭 |
| 4 | 立法规管房地产中介活动 |
| 5 | 规范“楼花”销售时间、登记制度、买卖合约等 |
| 6 | 完善行业行为指引 |
| 7 | 公开卖地、活化工厦，增加供应 |
| 8 | 每月公布各区成交单位数量、价格及平均实用面积 |
| 9 | 发展商需提供详细入则资料 |
| 10 | 降低出租房屋税率 |

# 第 18 章 澳门物业投资与基建

中原（澳门）董事　石宝德

澳门近年经济高速发展，当中原因除了旅游业及博彩业的支持，长远的基建规划也是不可缺少的重要因素之一，有赖这些利好因素，令澳门发展前景继续明朗，并越来越受海内外投资者重视。

继续受惠于内地自由行政策，澳门的旅游业持续蓬勃，据澳门统计暨普查局数据显示，2012 年上半年入境旅客达 1358 万人次，与去年同期相比微升 2%，虽然入境旅客升幅略有放缓，但消费量却显著提升，2012 年第 1 季旅客人均购物消费达 971 元，创历年新高。在旅游业的带动下，澳门整体经济也有强劲的增长，2012 年第 1 季本地生产总值超过 789 亿澳元，与去年同期相比大幅上升 27%；而第一季人均收入中位数也达 11000 澳元，同样创史上新高。各项丰硕的经济成果，引证着澳门秀丽的发展前景，也吸引不少投资者向往澳门这个前景无限的市场。

总体就业人口每月工作收入中位数（澳元）　　表 18-1

| | 2008 年 | 2009 年 | 2010 年 | 2011 年 | 2012 年 |
|---|---|---|---|---|---|
| 第 1 季 | 8200 | 8600 | 9000 | 9600 | 11000 |
| 第 2 季 | 8000 | 8500 | 8500 | 9700 | — |
| 第 3 季 | 8000 | 8500 | 9000 | 10000 | — |
| 第 4 季 | 8500 | 9000 | 9000 | 10300 | — |

数据源：澳门统计暨普查局

外地雇员期末结余人数　　表 18-2

| 月份 | 2010 年 | 2011 年 | 2012 年 |
|---|---|---|---|
| 1 月 | 74429 | 77903 | 95187 |
| 2 月 | 73932 | 79467 | 98274 |
| 3 月 | 72843 | 81416 | 98664 |
| 4 月 | 72397 | 82731 | 99503 |
| 5 月 | 72092 | 84039 | 100922 |
| 6 月 | 72142 | 85273 | 102557 |
| 7 月 | 72209 | 87127 | — |
| 8 月 | 73719 | 88740 | — |
| 9 月 | 74525 | 89896 | — |
| 10 月 | 74780 | 91241 | — |
| 11 月 | 75098 | 92771 | — |
| 12 月 | 75813 | 94028 | — |

数据源：澳门统计暨普查局

然而，一个城市的可持续发展，并不能单看经济数据，实体的基建规划更是不可缺少。在澳门众多基建项目中，规模最大、对澳门影响最深远的要数横琴开发项目。横琴本为珠海与澳门接壤的一个地区，自落实开发规划后，不但横琴本身起了翻天覆地的变化，对澳门甚至整个珠三角地区都起着重大的影响。横琴整体由珠海规划，当中 5km$^2$ 的产业园区可由澳门主导，重点发展中医药、文化创意、教育、培训等产业，以加强区域合作，推动澳门经济多元。横琴概念开始日渐成熟，当中多项基建及政策在 2012 年取得突破性的发展，其中包括：澳门大学横琴校区各主体建筑物已全部封顶；现时珠海市区进入横琴岛的唯一陆路交通通道——环岛东路预计年底全线开通；广珠城轨延至横琴，并在横琴站预留与澳门轻轨接驳条件；澳门政府牵头在横琴打造澳门文创基地，推动文化创意产业；落实一系列税项优惠，横琴对符合条件的企业征收所得税 15%，低于全国的 25%；给予港澳居民个人所得税补贴，澳门职业税最高是 12%；澳门人在横琴工作，以澳门税率为基准，多出的赋税由横琴政府支付差额；符合货品进入岛内一线范围不用缴纳关税、增值税。

横琴的发展，对于澳门而言不单是土地资源上增加了可利用空间，更重要是为澳门连接珠三角地区、促进粤港澳以横琴开发为平台紧密合作、促进澳门融入珠三角城际网提供一个重要的平台，对澳门将带来无可估计的经济效益，同时也营造了很好的物业投资机遇。其中，对路凼区的住宅交投影响尤其大。路凼区本身在金光大道世纪工程的带动下，已受到各界热切关注，加上该区与横琴连接，是澳门通向横琴的第一扇门，日后横琴发展成熟后，必然为路凼区的楼市带来巨大的影响，因此不少海内外投资者看准此机遇，投资路凼区的住宅市场。当中最受投资者欢迎的必定是豪宅项目，由于路凼区现时的豪宅供应仍然稀少，而市场对豪宅的需求却不断增加，在横琴效应的带动之下，未来路凼区的豪宅市场将有无可预计上升空间。

现时路凼区几个最受欢迎的豪宅项目——“金峰・南岸”、“星河湾・名门世家”以及“大潭山壹号”，现时以“大潭山壹号”最受市场注目，由于七月份才踏入收楼期，是现时路凼区难得的市中心半山豪宅现楼新盘，自踏入收楼期已受到市场热捧，平均呎价更于 1 个月内上升达 20%。豪宅项目在澳门市场越来越受欢迎，但由于供应比例低，市场需求大，令豪宅楼价的抗跌力较一般住宅强，因此，很多有负担能力的买家开始倾向追捧豪宅，除购作自住，部份更用作长线投资，使豪宅盘源更加供不应求。现时大潭山壹号的价格正进入上升阶段，加上横琴效应的影响，相信该项目仍有很大的上升空间，预计至 2013 年初，呎价有机会重拾 2007 年 10000 澳元 / 呎的水平。

图 18-1 澳门横琴发展总体规划

# 第 19 章 热门投资移民国家及地区的政策简介

中原地产（中国及海外物业）总经理　许戴维

近年，很多热门移民国家都纷纷收紧投资移民的政策，对想申请移民的人士来说带来一定冲击。首先新的移民政策都是提高申请门坎以吸纳更优质移民人士，所以部份边缘申请资格人士被拒之门外。其次，就算合资格的人士亦需要重新整理申请文件，无疑打乱了他们原定的进程安排及花上更多的成本。最后，有些国家如加拿大索性暂停审批新移民申请，以整理之前累积的个案及调整计划内容。这对市场造成一定混乱，令客户更加无所适从。综合现时各国移民政策，不难发现各国都希望吸纳一些有营商经验的人士在当地投入资源及经验，借此为社会带来更多就业机会。在此，我们为大家简单介绍部分移民国家及地区的情况。

## 1. 新加坡

2012 年 4 月新加坡政府宣布调整全球商业投资者计划（简称 GIP)，虽然投资的金额的下限仍维持在 250 万新币（投资商业实体或政府指定基金），但进一步提高了申请人的背景要求。新政策下申请人必须拥有成功的营商经验而其经营公司必须提交近 3 年的审计报告，如申请人背景是属房地产相关行业其最近一年公司营业额必须达 2 亿新币以上及近 3 年的平均营业额有 2 亿新币或以上。其他行业则最近一年公司营业额必须超 5 千万新币及近 3 年平均营业额达 5 千万新币或以上。如果申请人的公司属私人拥有其必须占有公司股份达 3 成以上及，并强调申请人的管理经验及公司盈利能力都是影响申请的其中一因素。除此之外，申请人取得永居证后亦要符合其新加坡业务，需聘请最少 5 位当地员工，每年公司总支出不少于 100 万新币或者申请人或受养人在新加坡居住一半时间以上。

另外，金融投资者计划（简称 FIS) 即申请人拥有不少于 2 千万新币资产及可在新加坡投资 1000 万新币金融及地产亦宣告暂停。

简评：这次新加坡调整投资移民政策，意在吸纳一批具有实力的实业家为新加坡经济带来新的动力，所以政府更列出了申请人可经营的行业范围，加之对永居证亦加上居住的要求，估计未来，新加坡移民热潮会有所降温，部分有意向申请的客户或转移考虑其他国家。

## 2. 加拿大

加拿大一直是热门移民国家，但近 2 年开始不断收紧投资移民政策。早在 2010 年的 12 月，便大幅提升联邦投资移民的投资金额，此后的 2011 年 7 月，再设立有限量配额制度，700 个配额在短短数小时爆满，至今联邦投资移民仍未重新开放申请。另一的路径魁北克省投资移民在 2012 年 3 月份宣布 2700 个配额制后在 4 月亦实时满额，估计短期内不会重开申请。这 2 个热门投资移民项目满额后，想申办投资移民人士只能选择余下的省提名的商业移民方案如卑诗省商业移民，不过这种移民模式要求申请人投资 20 万加币在卑诗省开办业务及有居住当地的要求，并不符合大部份人的要求。

## 3. 香港

香港优秀人才入境计划始于 2006 年 6 月 28 日，是一项有配额的移民计划，其目的是吸引新入境而不具有进入香港和在香港逗留权利的高技术人才或优才来港定居，借以提升香港在全球市场的竞争力。与输入内地人才计划最大不同之处是获批准的申请人无须在来港定居前先获得本地雇主聘任 。

由于此计划是有配额限制的，并按申请人的背景学历等因素打分批核。计划推出初期其计分门坎较高，因此 2006 年成功批核申请仅 25 宗，2007 年 187 宗，可以说是不容易申请的移民计划。此后，政府在 2008 年作出修定取消了原来申请人年龄上限及重新调整打分机制，这样安排下申请量才由以往平均每月 65 宗升至现时 115 宗，而批核率在新政策后才快速上升。据官方统计，此该计划实行以来至 2010 年底，政府向外公布的批核量 1888 宗。估计 2011 年成功批核宗数有几百宗，由此估得总体成功申请个案累计仅 2000 多宗。香港移民政策的调整放宽直接推动更多优秀人才来港投资，分流了部分欲移民加拿大未遂的客户，是目前相当具有竞争力的移民方案。

## 4. 移民投资建议

上述简单分析了一些热门移民国家及地区的政策走向，但还未包括澳洲新收紧的政策。对想移民上述国家、地区的朋友第一考虑是自身是否符合新要求的条件，第二是要耐心等待，第三是选择其他相对要求轻松的国家。目前来看，移民至美国、香港相对容易。美国投资移民金额仍是维持 50 万美金但申请人士需提供资金来源证明及必须小心选择投资项目。香港投资移民 1000 万港币投资金额且可选择不同类型的金融组合，加上没有资金来源证明要求，是相当具有竞争力的移民方案。不过最终还是要看申请人移民的目的性才可选择移民国家。

根据现时成功申请的个案分析，透过综合计分制来港人士超过 70% 是年龄介乎于 25~39 岁，60% 以上是具有硕士或双学位，较多从事金融及会计行业。而透过成就计分制来港人士大多是体育及艺术文化界杰出人士如李宁、郎朗、胡军、章子怡及汤唯等等知名人士。本人建议有兴趣移居香港的人士如符合要求可按此计划申请，否则还是申请资本投资者入境计划 ( 俗称投资移民 ) 较简单快捷。

所有申请人均必须首先符合基本资格的要求， 才可根据计划所设两套计分制度的其中一套获取分数，与其他申请人竞争配额 。2 套计分制度分别是 “综合计分制” 和“成就计分制”。获批准的申请人可带同配偶及 1 8 岁以下未婚及受养的子女来港，唯其必须能自行负担受养人在香港的生活和住宿，不需依赖公共援助。

基本资格：

年龄： 申请人根据本计划提交申请时，年龄必须在 18 岁或以上。

财政要求：申请人必须证明能独力负担其本人及受养人（如果有）居港期间的生活和住宿，不需依赖公共援助。

良好品格：不论在香港或其他地方，申请人不得有任何刑事罪行记录或不良入境记录。

语文能力：申请人须具备良好中文或英文的书写及口语能力（中文口语指普通话或粤语）。

基本学历：申请人必须具备良好学历，一般要求为具备由认可大学或高等教育院校颁授的大学学位。在特殊情况下，能附以证明文件的良好技术资历、可证明的专业能力及 / 或经验及成就亦可获考虑。

申请人如未能提供令人信纳的证明文件，证明符合上述所有基本资格，其申请将会实时被拒绝，不获继续处理。

## 综合计分制

| 得分范畴 | | 分数 | 得分 |
|---|---|---|---|
| 1 | 年龄（最高 30 分） | | |
| | 18~39 | 30 | |
| | 40~44 | 20 | |
| | 45~50 | 15 | |
| | 51 或以上 | 0 | |
| 2 | 学历 / 专业资格（最高 45 分） | | |
| | 2 个或以上博士学位 | 45 | |
| | 博士学位 / 2 个或以上硕士学位 | 40 | |
| | 硕士学位 / 2 个或以上学士学位 | 35 | |
| | 学士学位 / 由国家或国际认可或著名的专业团体颁授，证明持有人具有极高水平的专门知识或专业技能的专业资格 | 30 | |
| 3 | 工作经验（最高 50 分） | | |
| | 不少于 10 年相当于学位程度或专家水平的工作经验，当中最少 5 年担任高级职位 | 50 | |
| | 不少于 5 年相当于学位程度或专家水平的工作经验，当中最少 2 年担任高级职位 | 40 | |
| | 不少于 5 年相当于学位程度或专家水平的工作经验 | 30 | |
| | 不少于 2 年相当于学位程度或专家水平的工作经验 | 10 | |
| 4 | 语文能力（最高 20 分） | | |
| | 良好中文及英文的书写及口语能力（中文口语指普通话或粤语） | 20 | |
| | 除了具备良好中文或英文的书写及口语能力外（中文口语指普通话或粤语），也能流利应用不少于一种外国语言（包括书写及口语能力） | 15 | |
| | 良好中文或英文的书写及口语能力（中文口语指普通话或粤语） | 10 | |
| 5 | 家庭背景（最高 20 分） | | |
| 5.1 | 至少一名直系家庭成员（已婚配偶、父母、兄弟姊妹、子女）是现居于香港的香港永久性居民 | 5 | |
| 5.2 | 随行已婚配偶的学历相当于大学学位或以上的水平 | 5 | |
| 5.3 | 每名随行的 18 岁以下未婚及受养的子女得 5 分，最高可得 10 分 | 5 / 10 | |

## 成就计分制

具备超凡才能或技术并拥有杰出成就的个别人士，提供另一套申请来港的计分制度。这类别的申请人可选择以“成就计分制”接受评核。此计分制的要求极高。此计分制以申请人的成就作为评核基准，选择以此计分制评核其申请者，只能从一个得分范畴获取 165 分。

申请人如被视作符合下段所述此计分制所列的其中一项要求，可获取 165 分，不符合者则不会获得分数，而不能取得分数的申请人，其申请会实时被拒绝。

如符合下述要求，可依此计分制获取分数：

申请人曾获得杰出成就奖（例如奥运奖牌、诺贝尔奖、国家 / 国际奖项）；

或申请人可以证明其工作得到同业肯定，或对其界别的发展有重大贡献（例如获业内颁发终生成就奖）。

数据来源：香港入境事务处

数据
Data
港澳

# 港澳

香港地产数据

澳门地产数据

# 第 20 章
# 香港地产数据



## 20.1 经济与人口

图 20-1 香港历年 GPP 与人均 GDP（1997—2011 年）

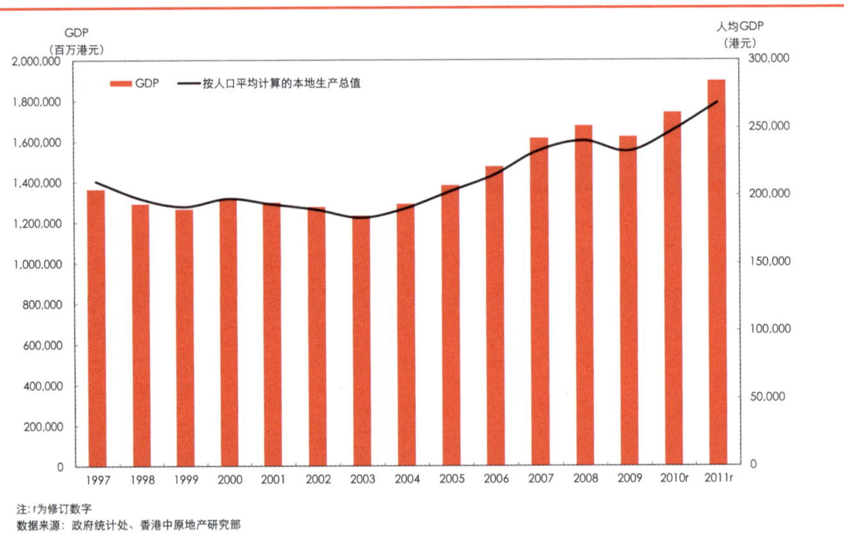


注：r为修订数字
数据来源：政府统计处、香港中原地产研究部

图 20-2 香港历年人口与家庭住户数目（1997—2011 年）

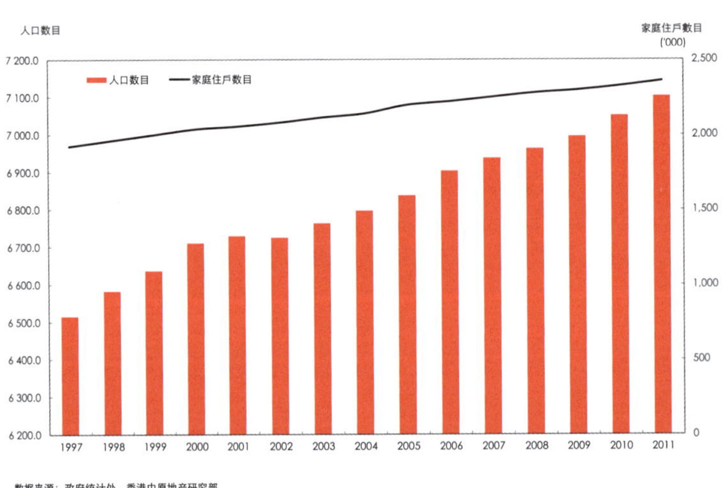


数据来源：政府统计处、香港中原地产研究部

图 20-3 香港历年自置居所住户比例与家庭住户平均人数（1997—2011 年）

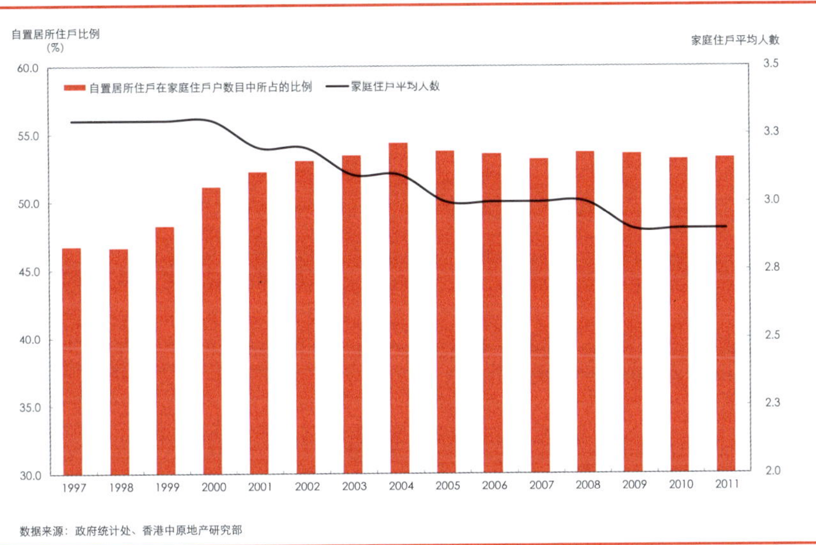


数据来源：政府统计处、香港中原地产研究部

## 20.2 房地产市场

图 20-4 香港历年楼宇买卖合约登记套数及金额（1997—2011 年）

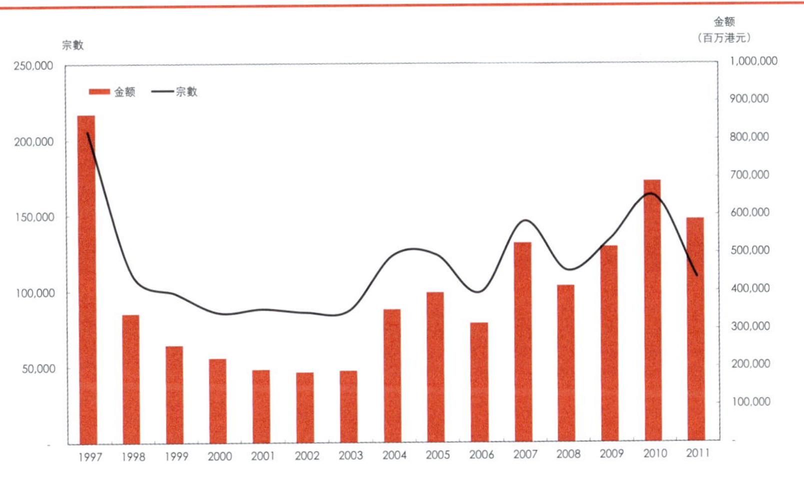


数据来源：土地注册处、香港中原地产研究部

图 20-5 香港历年一手私人住宅买卖合约登记套数及金额（1997—2011 年）

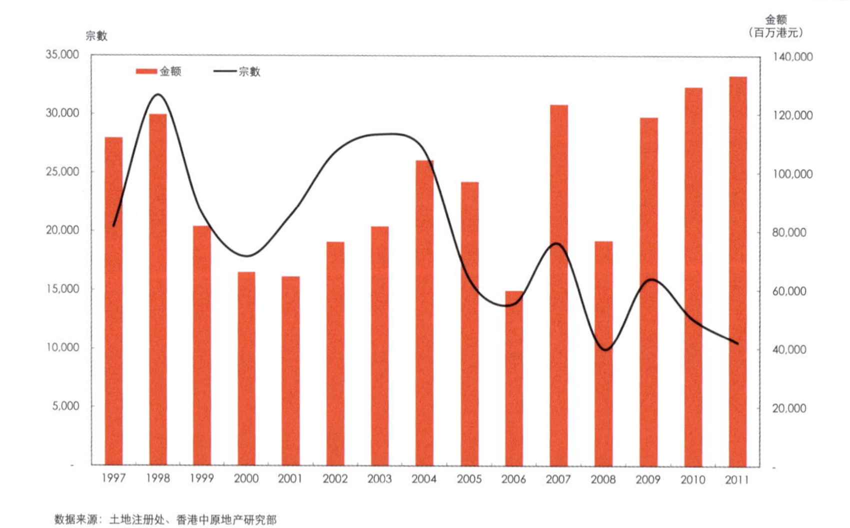


数据来源：土地注册处、香港中原地产研究部

图 20-6 香港历年二手私人住宅买卖合约登记套数及金额（1997—2011 年）

数据来源：土地注册处、香港中原地产研究部

图 20-7 香港历年写字楼买卖合约登记套数及金额（1997—2011 年）

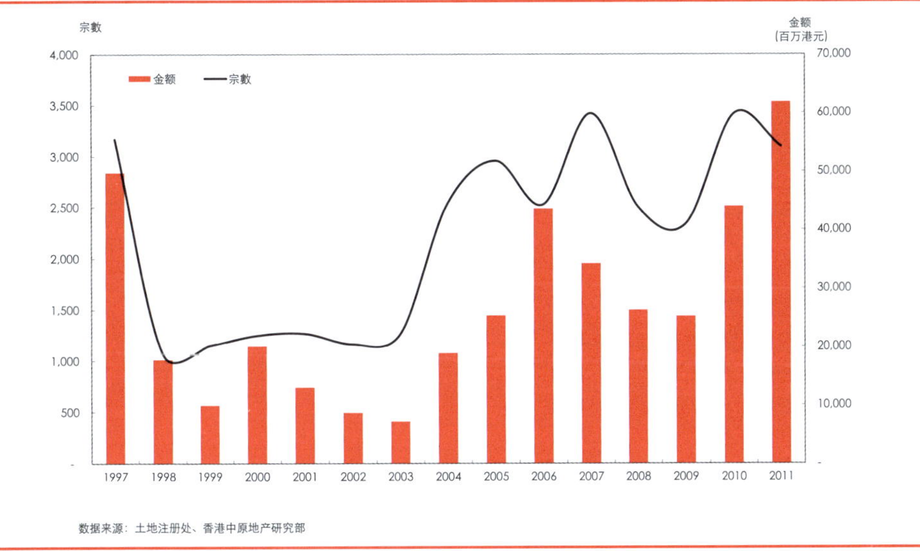


数据来源：土地注册处、香港中原地产研究部

图 20-8 香港历年商业营业用房买卖合约登记套数及金额（1997—2011 年）

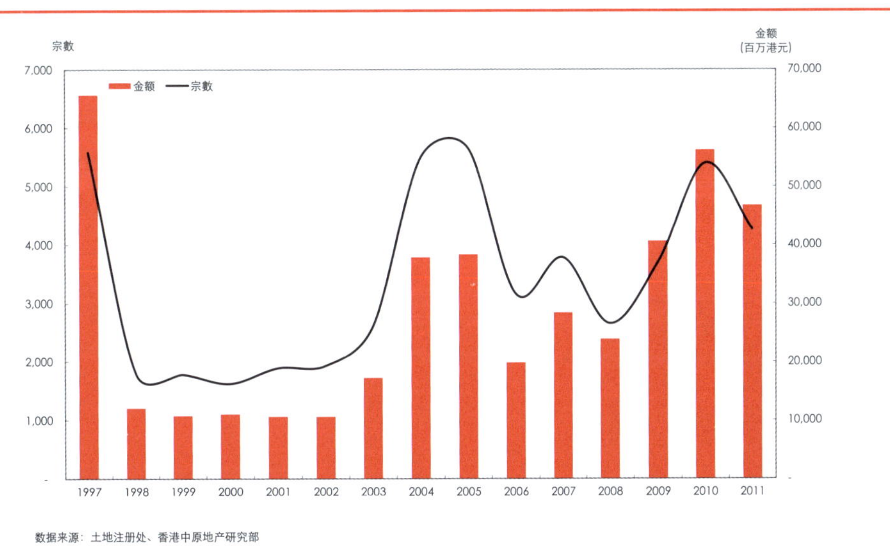


数据来源：土地注册处、香港中原地产研究部

图 20-9 香港历年工业楼宇买卖合约登记套数及金额（1997—2011 年）

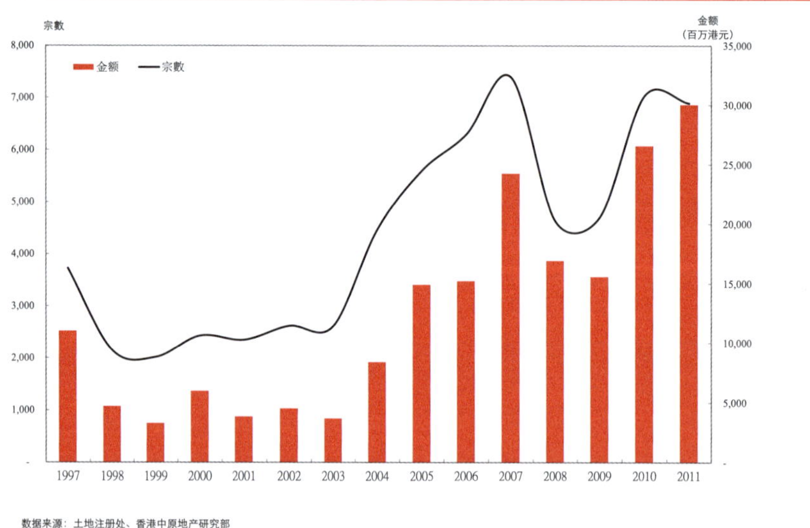


数据来源：土地注册处、香港中原地产研究部



## 20.3 指数

图 20-10 香港中原城市指数（1994 年 1 月—2012 年 5 月）

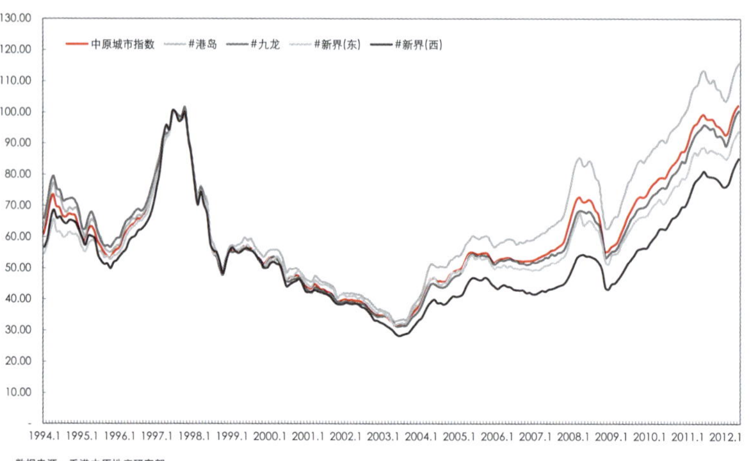


数据来源：香港中原地产研究部

图 20-11 香港各细分物业价格指数（1997—2011 年）

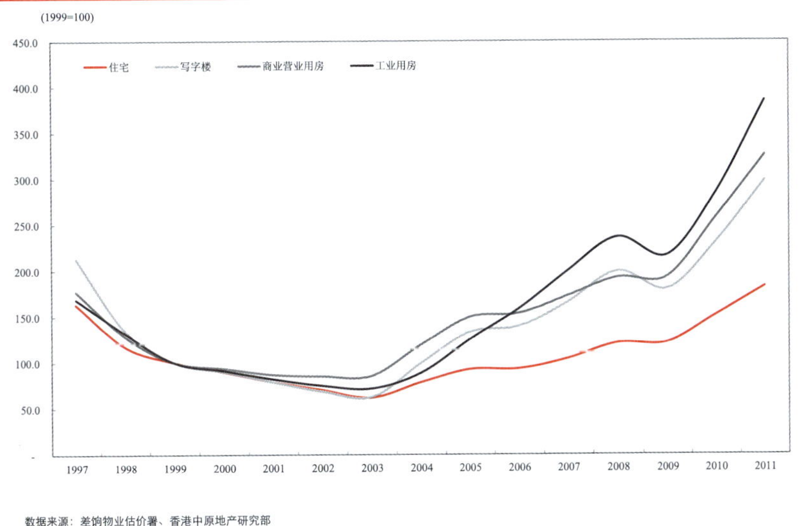


数据来源：差饷物业估价署、香港中原地产研究部

图 20-12 香港各细分物业租金指数（1997—2011 年）

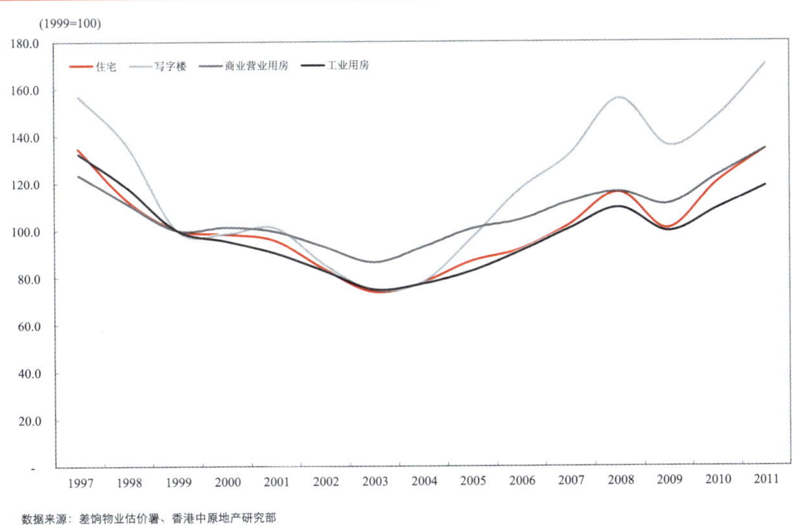


数据来源：差饷物业估价署、香港中原地产研究部

## 20.4 10 大楼盘

香港 10 大成交一手新盘（2012 年） 表 20-1

| 项目名称 | 名城三期 · 盛世（FestivalCityPhase3） |
|---|---|
| 项目地址 | 新界沙田大围美田路 1 号 |
| 发展商 | 长江实业 ( 集团 ) 有限公司 |
| 物业座数 ( 座 ) | 4 |
| 住宅楼层 ( 层 ) | 47~49 |
| 单位总数 ( 套 ) | 共 1536 |
| 单位面积 ( 平方呎 ) | 约 884~2037( 建筑面积 )<br>约 666~1614( 实用面积 ) |
| 入伙年份 | 2011 年 |
| 会所 | 约 62 万呎 ClubFestival，提供逾 70 项玩乐设施，包括漂流河、50m 珍珠贝型户外泳池、浴泉按摩、太阳能环保健身室、巨幕影音馆、亲子瑜珈等 |
| 项目点评 | 本物业毗邻港铁大围站，数分钟即可到达，汇聚多线港铁网络包括东铁、马鞍山及筹划中的沙中线三线互通优势，另接通多条高速干线公路，交通四通八达，此外物业被群山横跨南北，5 大郊野公园环抱 |

| 项目名称 | 尚城 (Uptown) |
|---|---|
| 项目地址 | 新界元朗青山公路洪水桥段 600 号 |
| 发展商 | 威顿企业有限公司 ( 控股公司 : 长江实业及和记黄埔 ) |
| 物业座数 ( 座 ) | 共 7 座及 37 间花园大屋 |
| 住宅楼层 ( 层 ) | 17~19 |
| 单位总数 ( 套 ) | 734 |
| 单位面积 ( 平方呎 ) | 分层单位：约 685~1254( 建筑面积 )<br>约 523~959( 实用面积 )<br>独立屋：约 2072~2223( 建筑面积 )<br>约 1600~1725( 实用面积 ) |
| 入伙年份 | 2012 年 ( 预期年期 ) |
| 会所 | 会所 ClubCasa 设施包括户外泳池及园林、健身室、水疗室、闲坐区、多用途户连备餐设备、乒乓球室、儿童图书室、活动室、阅读室、儿童游戏区、桌球室、卡拉 OK 室等 |
| 项目点评 | 本物业位处未来核心新市镇，中港双经济核心区中间 ( 中环与前海 )，尽享中港澳经济消闲娱乐一体化之优势 ; 而且位处多条主要干线公路附近，交通便利，方便来往中港两地及市区。项目拥有 24 小时全天候 ClubCasa 南欧会所，专属享乐国度，住宅可享有多姿多彩的生活 |

| 项目名称 | 奥柏·御峰 (ParkSummit) | |
|---|---|---|
| 项目地址 | 九龙旺角区桦树街 88 号 |  |
| 发展商 | 发展商(卖方的合作伙伴):辉信发展有限公司<br>(为信和置业有限公司之全资附属公司)(卖方:市区重建局) | |
| 物业座数(座) | 2 | |
| 住宅楼层(层) | 34~35 | |
| 单位总数(套) | 462 | |
| 单位面积(平方呎) | 约 330~2626(建筑面积)<br>约 264~2057(实用面积) | |
| 入伙年份 | 2013 年(预期年期) | |
| 会所 | 双子会所采用欧陆式经典建筑设计,设有儿童游乐园,鸟语雅座,花香庭院,瑜珈室,游戏室,健身室,连峯桥,御峯多功能厅,宁逸雅座,更衣室,蒸气浴室,户外游泳池,池畔阳台 | |
| 项目点评 | 地点交通便利,地铁交通网络完善,跟地铁奥运站只有 5 分钟距离,同时位于西九龙核心地带,投资潜力看高一线,加上邻近西九龙,配合未来高铁发展,方便中港往来;生活休闲上,项目邻近奥海城,住户可尽购物消闲的乐趣;而项目本身亦自设商场,生活不假外求;另外,项目亦有尊贵会所,尽享优悠时光,享受生活;而项目注重质量,用料非凡,绝对有质量的保证,尽显豪宅气派 | |

| 项目名称 | 珑玺 (ImperialCullinan) | |
|---|---|---|
| 项目地址 | 西南九龙区海辉道 10 号 |  |
| 发展商 | 骏球有限公司(母公司:新鸿基地产) | |
| 物业座数(座) | 5 座(不设第 4 座、第 5 座及第 7 座) | |
| 住宅楼层(层) | 30~32 | |
| 单位总数(套) | 650 | |
| 单位面积(平方呎) | 约 655~3005(建筑面积)<br>约 524~2404(实用面积) | |
| 入伙年份 | 2011 年 | |
| 会所 | 会所连园林面积约 10 万平方呎,拥有与天　同系六星级酒店式会所设施,发展商用心打造,花费 5 亿元打造 10 万平方呎尊尚会所及园林花园。高四层的私人会所提供包括瑰丽宴会殿堂、顶尖健身设施、一级水疗及海景室内外泳池等六星级设施。会所及康乐设施包括室内游泳池、户外游泳池、按摩池、更衣室、健身室、美容水疗室、桑拿室、蒸气室、休闲雅座、音乐室、儿童游戏室、桌球室、游戏室、卡拉 OK 室、宴会室、多用途球场、平台花园及园景池 | |
| 项目点评 | 物业傲然屹立于西南九龙区临海地段,坐拥最接近维港的地理位置,了无阻隔,极目壮丽维港景致。而且是政府西南九龙分区计划大纲中最后一幅临海住宅地皮,珍贵罕有;"珑玺大宅"分布在第 1、2、6A-6B 及 8 座、为区内罕有的四房双套房间隔,除了间隔灵活实用外,单位设计别出心裁,例如位于"临海钻"C 单位的"珑玺大宅"便特别加入独立的中西式厨房及早餐区设计,中式厨房采用传统明火煮食,方便好客的户主大宴亲朋,而西式厨房则使用电磁炉的开放式设计,旁边的吧台可以充当早餐区域,贴心照顾住户的不同需要;而位于"观海钻"A 单位更提供包厢式落地玻璃早餐间,享受高人一等;"临海钻"及"观海钻"的单位楼底高达 3.35m,空间感特强,并能将室外优美景观引入屋内,而单位的主人房亦装有度身设计的曲呎大窗,将璀璨的维港景色尽收眼底 | |

| 项目名称 | 深湾 9 号 (Marinella) |
| --- | --- |
| 项目地址 | 香港仔惠福道 9 号 |
| 发展商 | 天霸国际有限公司 ( 母公司 : 嘉华国际集团有限公司 ) |
| 物业座数 ( 座 ) | 6 座及 11 个洋房 |
| 住宅楼层 ( 层 ) | 28 |
| 单位总数 ( 套 ) | 411 |
| 单位面积 ( 平方呎 ) | 分层单位：约 747~3419( 建筑面积 )<br>约 598~2735( 实用面积 )<br>洋房：约 3661~5173( 建筑面积 )<br>约 2565~3622( 实用面积 ) |
| 入伙年份 | 2012( 根据买卖合约订定之物业估计完成日期 ) |
| 会所 | 室外至室内游泳池，儿童游乐场，有氧健身室，体育馆，游戏室，厨房，茶水间，戏院，活动室，座间，贮物室，大堂，接待处 |
| 项目点评 | 雄踞优势地理位置，与港岛最显赫地段深水湾及浅水湾更是一脉相连，毗邻深湾游艇会，区内名校林立，是培养新一代的好地方；加上未来港铁南港岛线即将落成，方便往客往来市区。建筑设计上，用尽心思，由国际殿堂级建筑师事务所 Arquitectonica 负责设计，项目选用顶级建材，而电器厨具、以及浴室用品，都是来自欧洲及日本的名牌，尽显非凡气派 |

| 项目名称 | 御金 · 国峰 (TheCoronation) |
| --- | --- |
| 项目地址 | 西南九龙区友翔道 1 号 |
| 发展商 | 联基 ( 香港 ) 有限公司 ( 卖方之母公司 / 控股公司 : 信和置业有限公司、南丰发展有限公司、嘉华国际集团有限公司、华人置业集团 ) |
| 物业座数 ( 座 ) | 6 |
| 住宅楼层 ( 层 ) | 29~32 |
| 单位总数 ( 套 ) | 740 |
| 单位面积 ( 平方呎 ) | 约 403~2652( 建筑面积 )<br>约 323~2122( 实用面积 ) |
| 入伙年份 | 2012( 预期年期 ) |
| 会所 | 会所及康乐地方 / 设施包括室内游泳池、户外游泳池、儿童嬉水池、按摩池、日光晒台、更衣室、健身室、瑜伽 / 舞蹈室、美容水疗间、兵乓球室、休闲雅座、音乐室、图书室、儿童游戏室、桌球室、视听室、游戏室、模拟高尔夫球练习室、宴会厅、儿童有盖游乐区、羽毛球场、户外烧烤、平台花园及园景池 |
| 项目点评 | 御金 · 国峯位处西九黄金地段，独享迷人维多利亚港及汲水门双海景，兼享大都会日与夜繁华景致，维港两岸千亿动魄；项目位于九龙中央，汇聚 3 线铁路接通全球，从九龙站出发，21 分钟直抵香港国际机场。另外项目坐拥未来高铁优势，6 小时直达上海，8 小时到北京，贯通中港网络，加上未来西九文化区的发展，为区内增添多元化色彩，区来将有 300 万呎绿茵翠园落成，成为城市中的绿色小区。建筑布局方面，项目别出心裁，经天然石材柱廊排阵，别具欧洲皇室贵族气度，宫殿式会所气派非凡，尽显贵 风范。另外设有 24 小时全天候专业礼宾服务，包括，24 小时住客服务专线及送餐服务，设备齐全会议商务中心，来往机场或广深港高速铁路与御金·国峯之行李接送服务以及租务管理等 |

| 项目名称 | 天晋 (TheWings) |
| --- | --- |
| 项目地址 | 将军澳唐贤街 9 号 |
| 发展商 | 发展商：LansmartLimited( 发展商之母公司：新鸿基地产发展有限公司 )( 卖方：香港铁路有限公司 ) |
| 物业座数 ( 座 ) | 6 座 ( 注 : 第 4 座及第 5 座为酒店 ) |
| 住宅楼层 ( 层 ) | 36~39 |
| 单位总数 ( 套 ) | 1028 |
| 单位面积 ( 平方呎 ) | 约 692~2560( 建筑面积 )<br>约 534~2048( 实用面积 ) |
| 入伙年份 | 2012( 预计入伙日期 ) |
| 会所 | 天晋豪华会所设施一应俱全，给予住户顶级的惬意悠闲生活；项目设有全港豪宅罕有的 50m 标准室外及约 20m 特色室内泳池，让住客随时尽情畅泳，有非凡运动体验 |
| 项目点评 | 项目前临壮丽海景，港铁站上盖罕有的顶级住宅项目，交通四通八达，乘港铁前往港岛东区约 11 分钟、北角约 12 分钟，往中环亦只需约 26 分钟；项目设有顶级私人会所，悠闲生活享受一应俱全；“天晋”顶层户户为复式设计，当中最大面积的四间为设有私人泳池的“天钻泳池屋”，分布于“天钻海”、“月钻海”、“日钻海”及“皇钻海”的顶层。项目另设“天晋至尊”、“天晋大宅”及“顶级四房”尊贵特大单位，全部均为高层大户 |

| 项目名称 | 日出康城 · 领凯 (LaSplendeur) |
| --- | --- |
| 项目地址 | 将军澳康城路 1 号 |
| 发展商 | 益亚投资有限公司 ( 控股公司：长江实业 ( 集团 ) 有限公司 ) |
| 物业座数 ( 座 ) | 3 |
| 住宅楼层 ( 层 ) | 50~56 |
| 单位总数 ( 套 ) | 1168 |
| 单位面积 ( 平方呎 ) | 约 804~2254( 建筑面积 )<br>约 601~1710( 实用面积 ) |
| 入伙年份 | 2013( 预计入伙日期 ) |
| 会所 | 约 30 万呎“银河王国”会所，6 大尊区提供逾 60 种户内户外享乐设施，包括 4 个泳池、3 个按摩池、大型室内运动场等 |
| 项目点评 | 项目注重建材质素，浴室选用名贵用料，厨房配以意大利品牌 Cristal 及 Cimatech 电器，加上为住户提供最贴心的专业礼宾司服务，令住户有最舒适的家；环境上，项目傲据香港东的“日出康城”占地约 350 万呎，为香港市区最大型港铁尊站高尚私人住宅小区，提供约 21500 个纯私人住宅单位，较港岛东的传统蓝筹屋苑太古城多约 7 成，规模之庞大，全港独一无二，预计“日出康城”的交投量及潜力势必成为香港豪宅指标 |

| 项目名称 | 星堤 (Avignon) |
| --- | --- |
| 项目地址 | 屯门扫管笏管翠路 1 号 |
| 发展商 | 侨宜有限公司<br>( 母公司 : 新鸿基地产发展有限公司 ) |
| 物业座数 ( 座 ) | 10 座及 30 间洋房 |
| 住宅楼层 ( 层 ) | 10 |
| 单位总数 ( 套 ) | 456 |
| 单位面积 ( 平方呎 ) | 分层单位 : 约 713~3436( 建筑面积 )<br>约 554~2749( 实用面积 )<br>独立屋 : 约 4484~6432( 建筑面积 )<br>约 2115~4484( 实用面积 ) |
| 入伙年份 | 2011 年 |
| 会所 | 星级会所的设施包括，约 30m 长园林泳池、莫奈花园、四季桥、映湖、室内运动场、桑拿、餐聚厅、儿童游戏间、蒸浴、乐室、SnookerBar、以及私人天地；私人天地的董事屋，包括有银映宴会厅连花园泳池、雪茄天地、藏酒量丰富私人酒窖、私人水疗等 |
| 项目点评 | 本物业位处九龙市中心地段，为港铁沿线物业，邻近未来启德发展项目和邮轮码头；而且座与座之间保留足够距离，避免屏风效应的出现；此外，开发商亦引入礼宾、物业托管及家居服务，全方位照顾业主的需要 |

| 项目名称 | 歌赋岭 (TheGreen) |
| --- | --- |
| 项目地址 | 新界粉锦公路 338 号 |
| 发展商 | 中国海外地产有限公司 |
| 物业座数 ( 座 ) | 253 幢花园大宅 |
| 住宅楼层 ( 层 ) | 3 |
| 单位总数 ( 套 ) | 253 |
| 单位面积 ( 平方呎 ) | 约 2032~4025( 建筑面积 ) |
| 入伙年份 | 2013( 预计入伙日期 ) |
| 会所 | 会所 A :泳池、按摩池、儿童嬉水池、儿童游乐场、儿童游戏室、阅读区、运动场馆、健身室、舞蹈 / 瑜珈室、蒸气室、桑拿浴室、钢琴室、卡拉 OK 房、自修室、游戏室、活动室、户外派对区、烧烤区<br>会所 B :儿童游戏区 |
| 项目点评 | 歌赋岭位处香港富豪传统度假区，毗邻“香港高尔夫球会 ( 粉岭会所 )”、“赛马会双鱼河乡村会所”及“行政长官粉岭别墅”，位置尊尚，景致怡人；从 2km 长的林荫大道延伸至歌赋岭的 8hm$^2$ 私人领土，253 幢独立及半独立花园别墅，藏于树间，隐于园中，依偎在高尔夫球场畔，纳山岭之精华，收云霞之色彩；项目设有度假式住客会所“歌赋汇”，精彩设施多达 30 项，让住户随时有度假般的享受 |

资料来源：香港中原地产研究部

香港 10 大成交二手屋苑（2012 年） 表 20-2

| 项目名称 | 贝沙湾（Bel-Air No.8） |
|---|---|
| 项目地址 | 港岛南区贝沙湾道 8 号 |
| 发展商 | 盈科大衍地产发展 |
| 物业座数（座） | 30 座住宅大厦，47 幢洋房 |
| 住宅楼层（层） | 1~47 |
| 单位总数（套） | 2746 |
| 单位面积（平方呎） | 住宅大厦单位：约 595 ~ 5096<br>独立屋：约 4645~10013 |
| 入伙年份 | 2004—2008 年 |
| 会所 | 设有 12 万呎的豪华会所，内设雅致水疗室、双人水力按摩浴缸等；物业亦设有缤纷喷泉玩乐池、180 呎长水天一色无边际泳池、全海景日光浴台、儿童嬉戏泳池、写意休闲泳池、特色鱼池、全海景露天水力按摩浴池等 |
| 项目点评 | 本物业外型设计自然流畅，亮丽夺目，勾勒出独特的现代建筑风格；由于物业位于贝沙湾地势高处，豁然广阔，视野无限，醉人景致一览无遗；单位内均采用名牌的高级浴室用具及厨房电器，尽显其高尚气派；此外，物业位处 18 区国际校网，名校林立，选择众多，实为家长必然之选 |

| 项目名称 | 美孚新村 （Mei Foo Sun Chuen） |
|---|---|
| 项目地址 | 九龙荔枝角百老汇街 22-24 号 |
| 发展商 | 新世界发展及美孚石油 |
| 物业座数（座） | 99 |
| 住宅楼层（层） | 17~21 |
| 单位总数（套） | 13114 |
| 单位面积（平方呎） | 约 554~1779 |
| 入伙年份 | 1969—1978 年 |
| 会所 | 物业设有消闲设施如：健身中心、保龄球场及戏院等，邻近更有图书馆、室内运动场及大型休憩公园 |
| 项目点评 | 美孚新村位于美孚港铁站旁，邻近又设有巴士总站，无论前往港岛或新界都同样方便快捷；村内设有购物商场和街市，居民毋须走到区外，亦可轻易买到各式各样的日常用品，生活异常方便；管理公司会定期为物业作检查维修，即使物业楼龄较久，物业亦见保养得宜，深受买家欢迎，为自住投资的上佳选择 |

| 项目名称 | 太古城 （Tai Koo Shing） |
| --- | --- |
| 项目地址 | 香港岛　鱼太古湾道 |
| 发展商 | 太古地产物业代理有限公司 |
| 物业座数 ( 座 ) | 61 |
| 住宅楼层 ( 层 ) | 24~30 |
| 单位总数 ( 套 ) | 12689 |
| 单位面积 ( 平方呎 ) | 约 585~1237 |
| 入伙年份 | 1978—1987 年 |
| 会所 | 本物业设有多项物业设施，如：泳池、儿童游乐场、羽毛球场及高尔夫球练习场等 |
| 项目点评 | 太古城为本港其中一个发展悠久且极具规模的中产住宅小区，由太古地产建设，物业质素有一定保证，故此一向甚受中产阶级人士欢迎；部份物业底层设有商铺及停车场，超级市场、便利店、食肆均有，方便非常；此外，太古城亦邻近港岛东其中一个最大型的购物中心太古城中心，内设大型百货公司、各式商店、酒楼食肆、戏院、溜冰场等，消闲、娱乐、购物尽在一处；太古城位处港岛中心地带，交通方便，港铁、各路巴士、小巴及电车均途经此地，联系其他各区 |

| 项目名称 | 沙田第一城（City One Shatin） |
| --- | --- |
| 项目地址 | 新界沙田得基街 2 号 |
| 发展商 | 恒基兆业、新世界发展、新鸿基地产及长江实业 |
| 物业座数 ( 座 ) | 52 |
| 住宅楼层 ( 层 ) | 30 |
| 单位总数 ( 套 ) | 10642 |
| 单位面积 ( 平方呎 ) | 约 395~1018 |
| 入伙年份 | 1981—1987 年 |
| 会所 | 屋苑设有一个 50m 长的游泳池、花园、网球场、壁球场、乒乓球场、露天篮球场及儿童游乐场 |
| 项目点评 | 沙田第一城乃 1980 年代兴建的大型屋苑，邻近城门河，故此部份单位可赏城门河风光；区内设施完善，有购物中心、食肆、运动场、公园等，为附近居民提供多项消闲选择，自给自足；屋苑亦邻近巴士总站，设多条巴士线接戴居民，并有港铁联系其他各区，交通便利 |

| 项目名称 | 嘉湖山庄 (Kingswood Villas) |
| --- | --- |
| 项目地址 | 新界天水围天湖路一号 |
| 发展商 | 长江实业发展有限公司 |
| 物业座数（座） | 58 |
| 住宅楼层（层） | 27~39 |
| 单位总数（套） | 15836 |
| 单位面积（平方呎） | 约 573~1750 |
| 入伙年份 | 1992—1997 年 |
| 会所 | 屋苑内设有占地逾 89000 呎的豪华俱乐部，并提供各类娱乐设备，如室内及室外游泳池、保龄球场、网球场等等，设备应有尽有，一切小假外求 |
| 项目点评 | 嘉湖山庄的构思以创造理想城市为蓝本，兴建完美居所为目标，低密度建筑与广阔空间的和谐配合。嘉湖山庄内处处栽种花草树木，以 9 成面积辟划平台花园及休憩地方，创造出一个环境幽雅、空间广阔的理想住宅区，更令嘉湖山庄成为全香港休憩面积最广之私人住宅屋苑之一；屋苑内缘茵处处，令嘉湖山庄的居民仿似生活在世外桃源之中，无限写意；嘉湖山庄邻近西铁站、轻铁站及巴士站，交通便利，四通八达，与外界紧密联系；此外，屋苑内设有大型会所，附近又有多个大型商场林立，为居民提供多种消闲活动选择 |

| 项目名称 | 黄埔花园（Whampoa） |
| --- | --- |
| 项目地址 | 九龙必嘉街 121 号 |
| 发展商 | 和记黄埔地产有限公司 |
| 物业座数（座） | 88 |
| 住宅楼层（层） | 15~16 |
| 单位总数（套） | 10286 |
| 单位面积（平方呎） | 约 350~1110 |
| 入伙年份 | 1985—1991 年 |
| 会所 | 物业设施包括健身室、网球场、游泳池、游乐场、壁球室、羽毛球场、小型直排轮溜冰场、平台花园、停车场、商场 |
| 项目点评 | 黄埔花园位处九龙红磡，是香港 1990 年代的屋苑，密度较低，自成一角，屋苑设有大型商场，购物美食娱乐一应俱全，而本物业更位于中学名校网内，名校包括：喇沙书院、拔萃男书院、玛利诺书院、英华书院及培正中学等，为家长培育子女成才的理想选择，故此深受家长欢迎，是本港 10 大蓝筹屋苑之一，租赁买卖交投活跃 |

| 项目名称 | 映湾园（Caribbean Coast） |
| --- | --- |
| 项目地址 | 大屿山东涌健东路 1 号 |
| 发展商 | 香港长江实业、和记黄埔及地铁公司 |
| 物业座数（座） | 13 座 及 56 套洋房 |
| 住宅楼层（层） | 47~50 |
| 单位总数（套） | 5330 |
| 单位面积（平方呎） | 约 690~1295 |
| 入伙年份 | 2002—2007 年 |
| 会所 | 达 61 万平方呎会所，设置溜冰场、高球室、攀石场、沙滩排球场，以及室内室外合共 5 个泳池等设施 |
| 项目点评 | 位处东涌新市镇，由于邻近香港国际机场，不少机师及空中服务员亦乐于居住此区；此外，随箸港珠澳大桥将于 2015 年落成，由香港开车至珠海及澳门，将从 4~5 小时大大缩短到约半小时 |

| 项目名称 | 凱旋門（The Arch） |
| --- | --- |
| 项目地址 | 九龙柯士甸道西 1 号（九龙机铁站上盖三期） |
| 发展商 | 新鸿基地产有限公司 |
| 物业座数（座） | 4 |
| 住宅楼层（层） | 摩天阁及观星阁：6~76 楼<br>朝日阁及映月阁：6~79 楼 |
| 单位总数（套） | 1054 |
| 单位面积（平方呎） | 标准单位：约 505~3465<br>复式单位：约 3323~5497 |
| 入伙年份 | 2005 年 |
| 会所 | 拥有全港独有 10 万呎摩天会所 Sky Club，豪华会所设于 500m 高空，当中包括星梦宴会厅云霄阁，云中花园，天池镜花水疗及健身室等等，为住客提供与别不同的会所设施 |
| 项目点评 | 凯旋门乃九龙机铁站上盖矚目豪宅，外型仿照法国的凯旋门而建，尽拥维港迷人海景，气派不凡。本物业交通便利，邻近中环，同区的甲级商厦环球贸易广场 (ICC) 进一步加强九龙站地段的商贸重要性，吸引商家及公司高层等买家；本物业实用率高达 80%，用料高级名贵，拥有高人一等的气派，尽显优越的生活态度 |

| 项目名称 | YOHO TOWN / YOHO MIDTOWN |
|---|---|
| 项目地址 | 新界元朗元龙街 9 号 |
| 发展商 | 兆盛有限公司<br>（母公司：新鸿基地产发展有限公司） |
| 物业座数（座） | 16 |
| 住宅楼层（层） | 32~40 |
| 单位总数（套） | 4090 |
| 单位面积（平方呎） | 约 483~1532 |
| 入伙年份 | 2004 年及 2010 年 |
| 会所 | 豪华住客会所提供数十万呎活动空间。设施包括：球场、儿童游乐场、健身室、宴会厅、阅读室、坐区、钢琴室、休息室、泳池、蒸气 / 桑拿室 |
| 项目点评 | 本物业毗邻港铁元朗站，由元朗站直达尖东站只需约 24 分钟；开发商特设五星级项目“YOHO 好姐”及“YOHO 小厨”增值服务，间隔多元化，1 房至 4 房兼备，大部份单位设有环保露台连工作平台，配合特大景观窗，区内罕有；此外，商场基座设有新界西最大地标商场，购物方便 |

| 项目名称 | 日出康城·首都（The Capitol）、领都（Le Prestige）及领峰（Le Prime） |
|---|---|
| 项目地址 | 九龙将军澳南 86 区日出康城第一期 |
| 发展商 | 长江实业有限公司<br>香港铁路有限公司 |
| 物业座数（座） | 24 |
| 住宅楼层（层） | 50~59 |
| 单位总数（套） | 5200 |
| 单位面积（平方呎） | 标准单位：682~1313 |
| 入伙年份 | 2009 年及 2011 年 |
| 会所 | 首都会所面积达 12 万平方呎，而领都及领峰则设有 30 万平方呎的会所，2 个独立的会所内设有针对卓裕家庭的会所设施，设施多达 50 类，包括健身室，游泳池，阅读室、英式桌球室、飞镖专区、乒乓球室、健足按摩间、休闲雅座、钢琴室、按摩室、厨艺研习舍、桑拿室、蒸气间、水疗按摩池、四季茶座、小型电影院、乐队室、录音室、保龄球场、而当中的儿童游戏室及淑女自主国度，更是着重住户生活的身心发展为目标，营造新一代屋苑典范 |
| 项目点评 | 日出康城是将军澳区最新的大型物业发展项目，最为人瞩目的是发展商为屋苑进行的绿化计划，务求将该地段打造成极具规模的绿化区域，为住户提供最优质的绿色环境及零污染生活。屋苑四处尽是绿化及休憩地带，种植了数千棵树木；大厦之间亦有足够的间距及通风廊，确保每家每户空气流通；屋苑内使用环保穿梭汽车接载居民往来，并采用人车分隔的概念，完全隔绝有机会造成空气污染的源头；屋苑设有的 330m 海滨长廊及 20 万平方呎中央公园，充足的休憩地方贯彻其优质生活之概念 |

资料来源：香港中原地产研究部

# 第 21 章 澳门地产数据

澳门 12 大楼盘表 表 21-1

| 项目名称 | 壹号湖畔 |
|---|---|
| 项目地址 | 孙逸仙大马路 945~973 |
| 发展商 | 拾富物业股份有限公司 |
| 物业座数（座） | 7 |
| 住宅楼层（层） | 32~38 |
| 单位总数（套） | 约 796 |
| 单位面积（平方呎） | 约 654~3006 |
| 入伙年份 | 2009 年 |
| 会所 | 会所约 50000 平方呎，园林花园约 68000 平方呎，设施包括无边际游泳池、室内恒温泳池等 |
| 项目点评 | 壹号湖畔座落于美高梅金殿及澳门永利渡假酒店之间，项目 90% 单位可饱览南湾湖、西湾湖及三条大桥之独有景致，该区为澳门的商业、娱乐中心点，是澳门最尊贵之地段 |

| 项目名称 | 寰宇天下 |
|---|---|
| 项目地址 | 澳门黑沙环中街 |
| 发展商 | 中国海外 |
| 物业座数（座） | 5 |
| 住宅楼层（层） | 45~47 |
| 单位总数（套） | 约 1000 |
| 单位面积（平方呎） | 1069 ~1850 |
| 入伙年份 | 2007 年 |
| 会所 | 峇里人造沙滩、45m 园林游泳池、艺术柱廊、湖泊喷泉、烧烤场、儿童游乐场、池畔水吧、保龄球场、电影院、桑拿浴室等 |
| 项目点评 | 寰宇天下位于豪宅林立的东方明珠区内，邻近兴建中的港珠澳大桥的落脚点，交通四通八达，屋苑会所设施应有尽有，让住客足不出户亦可尽享悠闲渡假感觉 |

| 项目名称 | 御景湾 |
| --- | --- |
| 项目地址 | 澳门黑沙环新街 |
| 发展商 | 新建华建筑置业 |
| 物业座数（座） | 5 |
| 住宅楼层（层） | 4~35 |
| 单位总数（套） | 942 |
| 单位面积（平方呎） | 1582~1603 |
| 入伙年份 | 2010 年 |
| 会所 | 健身室、干湿蒸气浴、室外游泳池、儿童嬉水池、水疗按摩池及水吧等 |
| 项目点评 | 御景湾矗立于地段尊贵的东方明珠豪宅区，完善小区配套簇拥，环境优尚难求。物业 1~5 座之酒店式入口大堂，楼底高达 3.8m；邻近未来轻轨铁路站，自享无尽便捷，港客运码头、关闸及澳门国际机场近在咫尺 |

| 项目名称 | 海天居 |
| --- | --- |
| 项目地址 | 澳门黑沙环东北大马路 |
| 发展商 | 保利达集团 |
| 物业座数（座） | 5 |
| 住宅楼层（层） | 45 |
| 单位总数（套） | 约 1300 |
| 单位面积（平方呎） | 约 700~1400 |
| 入伙年份 | 预计 2012 年下半年 |
| 会所 | 健身室、舞蹈室、保龄球室、电影室、宴会厅、桑拿室、游泳池、儿童游乐场等 |
| 项目点评 | 海天居位于东方明珠区，兴建中的港珠澳大桥的落脚点，交通便利，而且区内豪宅项目林立，使该区的住宅项目备受注目 |

| 项目名称 | 海名居 |
| --- | --- |
| 项目地址 | 澳门黑沙环东北大马路 |
| 发展商 | 保利达集团 |
| 物业座数(座) | 5 |
| 住宅楼层(层) | 3~13，15~38 |
| 单位总数(套) | 约 881 |
| 单位面积(平方呎) | 约 1225 ~ 2236 |
| 入伙年份 | 2006 年 |
| 会所 | 10 万平方呎帝王式平台花园及住客会所，包括户外及户内游泳池、水疗按摩池、桑拿浴室、网球室、桌球室、健身室及儿童游乐场等多项设施 |
| 项目点评 | 海名居位于东方明珠区，兴建中的港珠澳大桥的落脚点，往澳门港澳码头只需 2 分钟，往珠海关闸只需 2 分钟，而往澳门国际机场也只需 15 分钟，交通十分便利，未来港珠澳大桥落成后，该区将成为香港及珠海通往澳门的第一扇窗口，地点十分优越 |

| 项目名称 | 君悦湾 |
| --- | --- |
| 项目地址 | 东方明珠街 177 — 209 号 |
| 发展商 | 三友发展 |
| 物业座数(座) | 7(包括 5 座住宅、1 座五星级酒店及 1 座服务式住宅) |
| 住宅楼层(层) | 45~49 |
| 单位总数(套) | 625 |
| 单位面积(平方呎) | 1207 ~ 2448 |
| 入伙年份 | 2009 年 |
| 会所 | 酒店式会所，划分为四大专区：悠闲国度、户外天地、动感地带、香熏之园，设施包括：多功能宴会厅、游戏室、音乐室、图书馆、海中泳池、健身室、儿童玩乐场等 |
| 项目点评 | 君悦湾座落于兴建中的港珠澳大桥的落脚点，交通网络完善，项目座拥无敌海景及珠海情侣路海岸线，屋苑会所设施丰富，动静皆宜，让住客置身其中尽享其乐、忘却世俗繁嚣，重拾身心舒泰 |

| 项目名称 | 海擎天 |
| --- | --- |
| 项目地址 | 澳门林茂海边大马路 |
| 发展商 | 新天康投资股份有限公司 |
| 物业座数（座） | 4 |
| 住宅楼层（层） | 56 |
| 单位总数（套） | 约 1288 |
| 单位面积（平方呎） | 约 900 ~ 1600 |
| 入伙年份 | 2010 年 |
| 会所 | 18 万平方呎全海景双层园林会所，设施多达 60 多项，包括室内恒温泳池、室内羽毛球场、桑拿室等 |
| 项目点评 | 海擎天座落于游艇会旁，尽享优美景观，区内生活配套一应俱全，再加上屋苑本身丰富的会所设施，一切娱乐不假外求 |

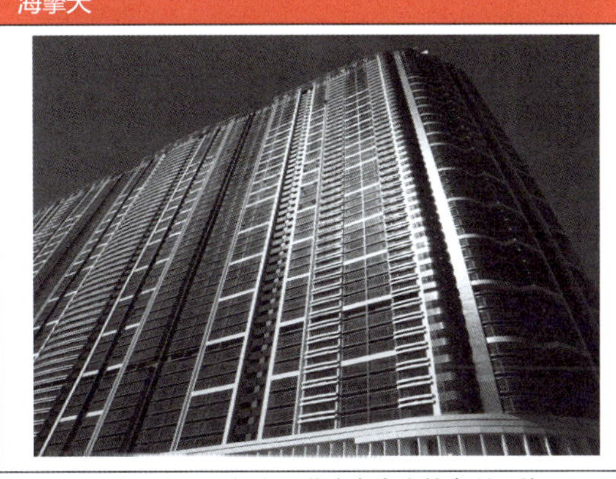

| 项目名称 | 绿洲 |
| --- | --- |
| 项目地址 | 青洲上街 |
| 发展商 | 新东阳投资有限公司 |
| 物业座数（座） | 3 |
| 住宅楼层（层） | 25 |
| 单位总数（套） | 450 |
| 单位面积（平方呎） | 1334~1596 |
| 入伙年份 | 预计 2014 年 |
| 会所 | 健身室、桑拿室、迷你电影院、儿童游戏室及烧烤区等 |
| 项目点评 | 绿洲实用率高达 8 成，单位间隔实用，切合用家需求；位处的青洲区为澳门政府未来重点发展的新区域之一，在政府的大力打造之下，该区的未来发展潜力将无可估计 |

| 项目名称 | 大潭山壹号 |
|---|---|
| 项目地址 | 澳门凼仔昔日辽望台大马路 1 号 |
| 发展商 | 世纪豪园 ( 国际 ) |
| 物业座数 ( 座 ) | 5 |
| 住宅楼层 ( 层 ) | 33 |
| 单位总数 ( 套 ) | 856 |
| 单位面积 ( 平方呎 ) | 约 1944~5351 |
| 入伙年份 | 2012 年 7 月 |
| 会所 | 高尔夫球场、羽毛球场、网球场、壁球场、雪茄廊、宴会厅、电影馆、瑜伽馆、水疗坊等 |
| 项目点评 | 大潭山壹号雄据路凼之繁华核心，邻近澳门国际机场、路凼边检大楼，并毗连澳凼大桥、西湾大桥、友谊大桥等主要干道和兴建中的轻轨铁路，交通便利；加上项目用料尊贵，会所设施丰富，让住客足不出户都可享受多姿多彩的生活 |

| 项目名称 | 金峰·南岸 |
|---|---|
| 项目地址 | 路环南岸地段石排湾马路联生填海区 |
| 发展商 | 联生发展股份有限公司 |
| 物业座数 ( 座 ) | 第一期共 5 座，第二期共 4 座，<br>第三期共 1 座 |
| 住宅楼层 ( 层 ) | 第一期：3~31<br>第二期：31 或 40<br>第三期：44 |
| 单位总数 ( 套 ) | 第一期：870<br>第二期：720<br>第三期：342 |
| 单位面积 ( 平方呎 ) | 第一期：642~2542<br>第二期：1176~2692<br>第三期：587~2335 |
| 入伙年份 | 第一期：预计 2013 年第 2 季<br>第二期：预计 2014 年第 4 季<br>第三期：预计 2016 年 |
| 会所 | 双会所设计，特设全澳门最大的无边际泳池、欧陆园林、多功能宴会厅、健身室、阅读室等 |
| 项目点评 | 金峰 · 南岸位于发展中的路凼区，与横琴及金光大道千亿基建为邻，发展潜力无可致疑；加上项目本身设有国际级的商场、豪华会所、酒店及世界级文娱设施，将来必吸引各界精英、外籍专才慕名而至，打造国际级完善小区生活 |

| 项目名称 | 花城（包括花城、太子花城、至尊花城、超级花城） |
|---|---|
| 项目地址 | 澳门凼仔布拉干萨街、大连街、埃武拉街、哥英布拉街 |
| 发展商 | 中宝发展有限公司，文根建筑置业有限公司 |
| 物业座数（座） | 18 |
| 住宅楼层（层） | 花城（利伟、利业、利鸿、利图：5~34，利厚、利丰、利盛、利茂、利盈：3~38），<br>太子花城：6~52 及 6~43，<br>至尊花城：6~43，<br>超级花城：3~37 |
| 单位总数（套） | 花城（利伟、利业、利鸿、利图：720，利厚、利丰、利盛、利茂、利盈：1080），<br>太子花城：582，<br>至尊花城：444，<br>超级花城：184 |
| 单位面积（平方呎） | 花城（利伟、利业、利鸿、利图：991~2668，利厚、利丰、利盛、利茂、利盈：1208~1475），<br>太子花城：1520~3610<br>至尊花城：2060~4120<br>超级花城：1066~2087 |
| 入伙年份 | 1997—2009 年 |
| 会所 | 无 |
| 项目点评 | 花城是凼仔内一个大型的老牌屋苑项目，屋苑以大单位为主，完全针对用家需求，单位间隔方正实用，加上屋苑附近生活配套完善，即使项目没有会所设施，仍然受到用家热捧 |

| 项目名称 | 濠庭都会 |
|---|---|
| 项目地址 | 澳门凼仔哥英布拉街 |
| 发展商 | 凼仔新城市发展 |
| 物业座数（座） | 13 |
| 住宅楼层（层） | 单数座 2~37，双数座 2~23 |
| 单位总数（套） | 约 1788 |
| 单位面积（平方呎） | 1050~2505 |
| 入伙年份 | 2007 年 |
| 会所 | 桑拿室、健身室、多用途娱乐室、电影院、卡拉 OK 室、宴会厅、儿童游戏区等 |
| 项目点评 | 濠庭都会由荣获 ISO 9001 国际认证的管理公司专责管理，服务专业周到；保安方面，屋苑采用先进智能卡系统，为住客打造安心的生活；服务方面，住客可尊享额外提供的豪宅式管家服务；此等高质素服务，在澳门现时的屋苑中可谓非常罕有 |

资料来源：中原（澳门）市场部

公司 Company
港澳

# 港澳

香港中原地产代理有限公司

中原（澳门）

# 香港中原地产代理有限公司



## 一、公司简介

香港中原地产代理有限公司于 1978 年成立，最初于港岛代理住宅物业买卖。中原的管理文化、创新精神及公平合理的报酬制度，吸引一群销售精英加盟，业绩愈见理想，规模也愈来愈大。经过逾 30 年的发展，“中原地产”现已成为一个中港知名的地产代理品牌，而中原地产代理有限公司则成为中原集团的旗舰公司。

中原地产提供各类住宅、写字楼、工商厦、厂房、商铺、车位及地皮等物业的租售代理、项目策划及按揭转介服务。怀着”不炒楼、不吃价”的宗旨，把业主委托的放盘全数引进市场，让买家有最多的选择、亦把出价最佳的买家推荐给业主。凭着”公开信息、公平交易”的信念，中原地产提供丰富的市场信息及分析，包括创立多个地产信息网站 ——“中原网页”、“中原地图”、“中原资料”，及反映二手住宅（约为国内的三级市场物业）楼价走势的”中原城市指数”，协助顾客于瞬息万变的地产市场中辨别危机、争取机遇，达至公平的交易。

作为行业的领导者，中原建立愿景；继续发挥创新精神，在服务上为消费者多加增值，“凭创见 走到更前”，成为最强地产代理。

### （一）中原地产的服务及品牌

| | 住宅 | 豪宅 | 工商铺——写字楼、工商物业、厂房及商铺 |
|---|---|---|---|
| 品牌 | 中原地产 | 中原豪 STATELYHOME | 中原（工商铺） |
| 服务内容 | 物业租售代理<br>楼盘宣传推广<br>招标及独家代理项目策划管理<br>并购项目<br>按揭转介<br>连系集团其他公司，提供测量、估价、拍卖、按揭及投资移民等服务 | | 物业租售代理<br>楼盘宣传推广<br>并购项目<br>按揭转介<br>提供估价、可行性研究等服务 |

## （二）公司领导

1. 中原地产亚太区总裁—— 黄伟雄先生

除了发展中原地产于亚太区的业务，黄伟雄先生更兼顾中原的员工训练及企业社会责任，担任中原训练学院顾问委员会副主席、中原精英会创会会长及中原慈善基金主席。

黄伟雄先生亦积极参与经济活动，现为香港专业及资深行政人员协会秘书长及香港品牌发展局理事。

2. 中原地产亚太区住宅部总裁——陈永杰先生

陈永杰先生于 1986 年加入中原；1989 年擢升为分行经理；1992 年成为中原地产新界区区域董事；2002 年擢升为中原地产董事总经理，负责整个中原地产住宅部；现时亦负责中原台湾及中原新加坡的业务。

3. 中原 ( 工商铺 ) 营运总监及中原澳门董事总经理——潘志明先生

潘志明先生从事工商铺物业代理多年，于 2001 年任职中原地产商铺部董事；2009 年成为中原澳门董事总经理；并于 2011 年起担任中原 ( 工商铺 ) 营运总监，负责中原澳门及香港工商铺业务。

## （三）全方位市场信息——中原地产的网站

| 中原地产网站 | 成交个案 | 楼价走势 | 放盘推介 | 物业资料 | 物业图则 | 物业相片 | 新盘资讯 | 物业招标 | 物业短片 | 市况评析 | 地图资讯 | 研究报告 | 公司资讯 | 物业环境资讯 | 专栏 / 专辑 | 专业推介 |
|---|---|---|---|---|---|---|---|---|---|---|---|---|---|---|---|---|
| 中原网页<br>hk.centanet.com | • | • | • | • | • | • | • | • | • | • |  | • | • | • | • | 代理个人笋盘 Blog<br>楼市分析<br>楼盘 360<br>焦点新房 |
| 中原地图<br>www.centamap.com | • | • | • | • | • | • |  |  | • |  | • |  |  | • |  | 地图找房 |
| 中原豪宅<br>www.statelyhome.com.hk |  |  | • | • |  | • | • | • | • |  |  | • |  |  | • | 豪宅大使馆 |
| 中原（工商铺）<br>www.centaline-ois.com |  |  | • | • |  | • | • | • |  | • |  | • | • |  |  | 代理个人笋盘 Blog |
| 中原数据<br>www.centadata.com | • | • |  | • | • | • |  |  |  |  |  |  |  |  |  | 中原城市领先指数 |
| 中视网<br>www.cpn.com.hk |  |  |  |  |  |  | • |  | • |  |  |  |  |  | • | 按 Mort 通讯特辑<br>验楼有序专辑<br>九龙湾特辑<br>活化工厦特辑 |

（四）由“网上找房”至”手机找房”

近 2 年互联网的应用一步千里，流动电话平台的发展更急速，多种智能型手机面世，中原地产遂把握时机，大力开发”行动笋盘”、”中原豪宅”、”中原工商铺”及”中原按揭”几个手机应用软件。

现时”行动笋盘”应用程序已推广至iOS、Android、Symbian、Samsung Bada及Windows Phone各主要平台，受到用家欢迎。事实上，2010 年 7 月”行动笋盘”初推出时，得到相当良好的反应，一个月内已录得逾 5 万个下载纪录，而透过此软件寻找房源的数字亦不断上升。

“行动笋盘”软件，可让手机用户透过手机浏览中原网页上的房源推介，其功能包括：

“网上找楼”——可循分区屋苑或条件搜寻方式寻找房源，并加入代理的相片和推介，即加入了一些代理个人笋盘 Blog 的功能。

“焦点一手”——市场热门的开发商专案资料。

“楼盘 360”——用手机也能找到以屋苑为中轴的专页，了解各大型屋苑的楼价走势、基本数据及环境信息等。

而“中原按揭”、“中原豪宅”、“中原工商铺”及“中原楼盘影片库”等应用程序相继推出，亦广受欢迎。

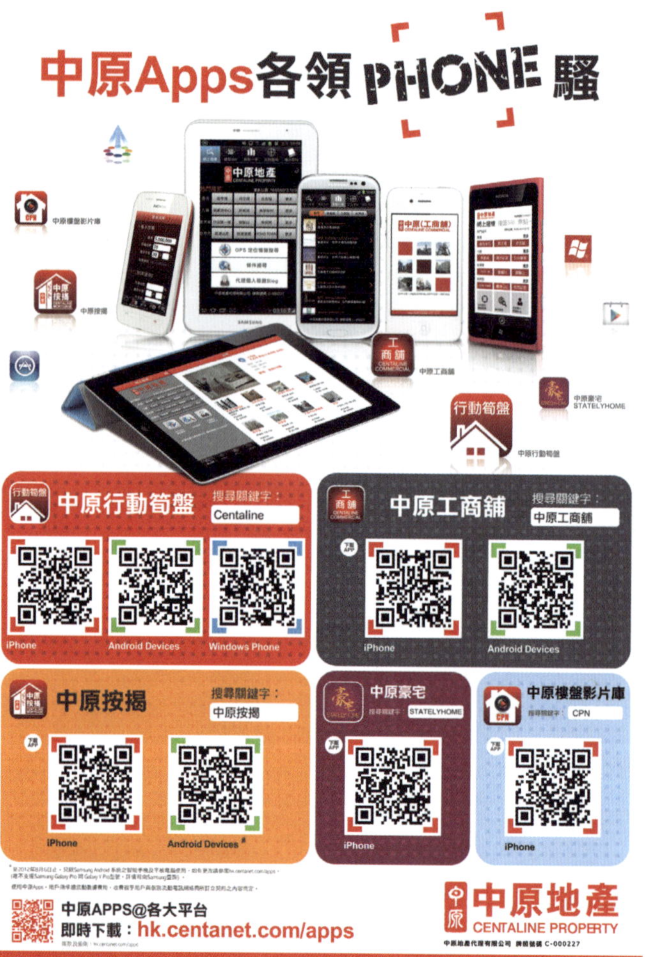


中原各手机应用程序

### （五）专业训练

中原地产一直致力为顾客提供优质专业的地产代理服务，为使公司旗下员工不断增值，遂成立中原训练学院，定期提供资格考试精读课程、迎新课程、管理工作坊、专题讲座及持续专业进修活动。持续专业进修活动分为核心课程（管理及督导技能、专业操守、执业知识及应用、地产代理业语言技能）及非核心课程（包括物业估价、业务管理、市场推广技能及技巧、财务服务）。这些训练让同事在个人素质和事业发展不断提升，并继续为客户提供优质的代理服务。

为了进一步提升整体服务质素，中原训练学院与香港大学潘锦溪商业研究学院合作安排中层管理人员修读的"优质顾客服务"证书课程(2011 年起与香港大学专业进修学院合作)。截至 2010，完成 10 届课程，逾 330 位分行经理以上级别的中、高层管理人完成课程。该课程的内容采用了不少地产代理业界个案作研究及参考，从而协助学员掌握理论及提出改进服务流程的相关建议。

另外，中原地产亦积极鼓励旗下的员工参与各项业界大型比赛如杰出销售员大奖等，参赛途中又提供特别训练让其有充分准备，可以轻松胜出比赛，每年均有同事获得杰出销售员大奖，成绩斐然。

### （六）中原精英会

"中原精英会"为中原地产的尖子组织，创立于 1990 年。现时，精英会分为鹰会（地产代理）及狮会（主管及经理)2 种会籍。前线员工必须达到公司设定的年度佣金收入 / 成交宗数标准，才会获邀加入精英会。

经过多年的发展，精英会的功能不止于确认及表扬优秀员工的工作表现，更为会员提供多元化活动，包括每年的迎新聚会、境外拓展交流、高尔夫球赛及兴趣班等。所有活动皆由精英会筹委会筹划的，而筹委会成员则从应届的精英会会员中挑选的。

精英会迎新

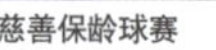
慈善保龄球赛

狮会日本大阪之旅

惠州之旅

善宁会慈善登山行



## （七）品牌推广

多年来，中原地产都贯彻”公开信息 公平交易”的宗旨，打造多个物业信息网站，公开信息；更建立一套模型，每周计算出香港二手住宅楼价的指数——“中原城市指数”。

近年，中原地产的电视广告，均强调中原地产作为物业中介人、配对楼盘与顾客的功能。广告运用了吉祥物——屋仔，作为主角，借着其可爱的特质，把品牌打入每个家庭。

## （八）企业社会责任

中原地产一直强调地产代理于社会上的角色与功能，近年更加强员工的训练及完备服务监管。同时，亦于其他范畴参与小区活动，包括赞助学术活动，捐助及支持社福机构，参与义工服务等。于中原地产的架构中，中原精英会及中原义工队均推动这方面的工作，而集团中更有中原慈善基金，资助社福活动。

亲子城市定向

爱笑瑜珈长者探访

公益金百万行

亲亲大自然之米埔观鸟游

袜袜送长者探访

“助言喜行”步行筹款

(九）香港中原荣誉榜 (2011 年 7 月至 2012 年 8 月 )

| 奖项 | 主办单位 |
|---|---|
| 2012 年 | |
| “信誉品牌 2012”<br>白金奖项 ( 地产代理界别 ) | 《读者文摘》 |
| 《香港企业领袖品牌奖 2012》<br>“香港企业领袖品牌——卓越豪宅物业代理品牌” | 新城财经台 |
| “服务第壹大奖” | 《壹周刊》 |
| “人才企业 1st” | 雇员再培训局 |
| “商界展关怀”10 年标志 | 香港社会服务联会 |
| 《e- 世代品牌大奖 2012》<br>“最佳本地手机应用程序” | 《e-zone》 |
| 《第 3 届潮选 e 生活选举》<br>“我最喜爱的 Phone App ( 地产代理类别 )”。 | 《明报》“e 潮版”及“香港互动市务商会” |
| 2011 年 | |
| 《香港骄傲企业品牌选举》<br>“消费者大奖”( 地产代理组别 )<br>“评审团大奖”( 地产代理组别 ) | 明报及香港中文大学 |
| 《杰出企业策略大奖 2011》 | 《东周刊》 |
| 《2011 TVB 最受欢迎广告颁奖典礼》<br>“最受欢迎楼宇地产广告”<br>“最具创意大奖”<br>“专业评审荣誉大奖”<br>“最佳导演”。 | 无线翡翠台 |

荣获 e- 世代品牌大奖 2012 最佳本地手机应用程序——《e-zone》

荣获香港企业领袖品牌 2012– 卓越豪宅物业代理品牌——新城财经台

荣获“商界展关怀”10 年标志——香港社会服务联（上左图）
荣获“信誉品牌 2012”白金奖项 ( 地产代理界别 )——《读者文摘》（上右图）
香港骄傲企业品牌选举荣获地产代理组别消费者大奖——明报及香港中文大学（下左图）
荣获服务第壹大奖——《壹周刊》（下右图）

## 二、香港中原 2011 大事纪

### ( 一 ) 广告宣传 大收成效

中原的电视广告，选用了一个特别的主角——屋仔小睦：故事讲述少女找屋，贴出“屋”公告、于网上搜房、参加相屋会，但都一无所获，也许是缘份弄人吧！那边厢，屋仔 ( 现名为小睦 ) 亦在寻找屋主，不过亦是徒劳……直至两人到达中原地产分店，终于遇上了。借着这个广告，带出中原地产作为物业中介、为顾客作配对的角色。广告获得好评，不少观众因为喜爱片中的屋仔，而再三观看广告片，品牌讯息亦得以广泛传递。

今年，中原地产继续为「 小睦 」推出了一系列宣传品，令中原品牌形象更鲜明、更具体。继去年第一批手办模型推出 ( 即套装模件 Model Kits，日本动漫周边产品的一种 )，反应热烈，各地相继订购。今年则推出手办模型 ( 第二弹 )，为手办小睦模型配以更多装备。最新推出的小睦咕、小睦毛公仔等产品，其可爱造型继续受青睐，受欢迎程度持续不减。

除了宣传品，小睦的曝光更遍网络世界。除了于中原网页更有按钮链接小睦手记 (hk.centanet.com/house)，香港中原微博版面设计、脸书粉丝页 (Facebook Fan Page) 亦会见到小睦出现，让大众可于互联网世界与小睦接触。

小睦手记

微博时代

小睦系列产品深入人心

小睦的 facebook

(二)拓新领域 放眼亚太

随着欧洲债务危机，令全球经济重心东移，亚洲成为了全球经济发展的新势力，发展潜力无容置疑。

中原地产把握机遇，除了香港已开设超越 300 家分行，成为香港最大规模地产代理，亦积极于亚太地区发展其业务。分别于 2010 年底及 2011 年 7 月，进驻台北及新加坡市场。

中原在台北市场的发展不俗，截至 2012 年 8 月已开设五间分行，分别为位于台北市中正区罗斯福路二段的罗斯福分行、新生南路的新生分行、大安区信义路四段的信义分行及和平东路的和平分行，当中最新开设，位于成都路的西门分行，更将中原的服务踏入主要消费区——西门町，让更多台北人能享受中原的中介服务。至于新加坡，分行设于合乐路 2 号的阿波罗中心地铺及里巴巴利路 248 号地铺。

连同台北、新加坡的中原团队，截至 2012 年 5 月底，中原地产于亚太区的分布：中国 39 个省市、香港、澳门、台北及新加坡。未来这些团队将加强互动交流，为所服务地区的顾客带来更多的盘源客源，并且可将服务推广至那些有区域物业投资需要的顾客群组。

(3) 形形式式的展览与路演

亚太网络间的运作，首要让各地的团队及顾客了解亚太区的机遇。因而，过去一年中原香港参与了不少展览会，包括温州房产展、杭州海外房产展、深圳春交会等等，同时又协助新加坡、台北及国内的同事于香港举办路演，为本地的顾客引入投资机会。这样的输入及输出，不止增加了顾客的选择，亦让中原的团队增进对各地市场的认识，丰富了其专业知识领域。

香港中原参加上海之春海外置业展览会

香港高端房产推介亮相深圳春交会

香港中原参加温州房产展

香港中原参加杭州海外房产展

# 中原（澳门）

## 一、公司介绍

2012 年，澳门楼市在政府的调控政策之下起伏交错，然而澳门经济基调良好，中原（澳门）对楼市前景始终充满信心，通过整合公司架构、强化公司团队以应对眼前的挑战。现时，中原（澳门）总共拥有 6 个营业地铺及一个总部，为扩充业务，增加分行覆盖范围，正不断物色适合的铺位以增加营业地铺。随着楼市的不断发展，以及地产代理考牌制度即将实施，市场对从业员的专业质素要求越来越高，为迎合市场需求，中原（澳门）透过多次举办招聘日及参加招聘展以吸纳人才，截至 2012 年 7 月，员工数目约 100 人，计划下半年继续致力扩充营业队伍，并且以高学历人才作为主要招聘对象，务求增加更多高质素的专业从业员，以提升公司服务水平。

现今科技发展日新月异，中原（澳门）也致力于技术支持上增加资源，务求开发更多信息发布平台，方便市民使用。为迎合智能手机普及使用的年代，中原（澳门）于年初推出手机查盘程序”行动算盘 App”，方便市民随时随地用手机上网查询楼盘信息。该程序包括网上揾楼、工商铺、焦点一手、追踪屋苑以及楼市百科等 5 大部份，为市民提供全面的楼市信息。该程序推出短短半年多，已大受欢迎，每月录得数万次使用量。“行动算盘 App” 现时只提供 iPhone 版本，下阶段将研发推出 Android 版本，务求让更多市民可更加普及应用该程序。

酝酿已久的地产代理考牌制度即将在澳门实施，为顺利过度至发牌制度，中原（澳门）继续透过中原训练学院（澳门分校）开展相关课程，除了对公司员工安排专业培训课程及新入职考核外，为带领整个澳门地产代理业界迈向发牌时代，中原训练学院（澳门分校）也举办了多场相关讲座，并对公众公开报名参加，其中更荣获中原集团董事施永青先生出任主讲嘉宾，分享香港实施发牌制度的经验。

作为澳门业界最大规模的地产代理公司之一，未来，中原（澳门）将朝着首席代理的发展方向迈进，代理中、港、澳三地的物业并统筹澳门各代理公司进行销售，为各代理公司提供专业的市场策划、宣传物资、图则、销售简报等，澳门业界中以中、小型代理公司占多数，由于规模及人手有限，他们销售的过程中往往缺乏市场策划及销售物资，因此，中原（澳门）希望以首席代理的身份为业界贡献力量，优化业界的运作。

## 二、中原澳门大事记 2011—2012

中原（澳门）第二季度楼市回顾记者招待会

中原(澳门)荣获 资本企业家” 颁发杰出企业品牌大奖 2012

中原集团董事施永青先生出席 澳门地产代理发牌制度大解构” 讲座

中原（澳门）2012 年过年晚宴

中原（澳门）不死神功讲座

中原（澳门）勇夺星河湾——门世家销售冠军